生《きっ》粋《すい》

マリリン・モンロー、あるいは虐待された少女の夢

桐ヶ谷まり

冬花社

生粋——マリリン・モンロー、あるいは虐待された少女の夢

目次

カバー絵　著者

装幀　小沼宏之

第一章　なぜマリリン・モンローか

道連れはマリリンだった

一九七四年の四月、大学受験に失敗した私は予備校に入るため上京し、調布の叔母の家に身を寄せることになった。

予備校では、クラス分けのテストが済むとすぐ、おすすめの参考書や問題集についての説明があり、私は数学がさっぱりわからない上、英語も苦手だったので、何冊か新しく買わなければならなくなった。

当時、新宿の京王線のホームの端の、中二階のような所に、細長い小さなガラス張りの本屋があった。ホームから見上げた瞬間、気になって、気に入って、それから一年の間に何度出入りしたかわからない。

お小遣いなどなかったので、大抵は、装丁の良し悪しを見比べたり、背表紙を眺めわたしていつかこれは読んでみようと考えたりしながら、店内を歩き回るだけだった。

だから最初に買った本のことは、今もって忘れられない。

『試験に良く出る英単語』

『マリリン　嘆きのヴィーナス』

この二冊を買った。レジのすぐ横の目立つ場所に、隣り合わせに置いてあったから。おそらく、店内が狭いせいでそんな並べ方になったのだろうが、二冊セットで買ったので、二冊セットで持ち歩き、二冊セットで覚えてしまった。

予備校の講師に丸暗記するよう勧められたのは、『試験に良く出る英単語』だけだったのに、マリリン・モンローの伝記も合わせて覚えられたのだから十代の記憶力はすごい、などと思ったのは大間違いで、私の頭が良いのではなく、良いのは、その訳者の文体だったのである。

もしかしたら今でも買えるかも、と先日アマゾンで検索してみたら、一九七四年五月二十日初版発行、エドウィン・ホイト著、片岡義男訳、角川文庫の『マリリン　嘆きのヴィーナス』を発見。訳者は片岡氏だと、この時判明。

四十一年ぶりにその本を手に取り、パラパラめくると、文章に見覚えがあった。見覚えがあるどころか、その簡潔さに再び感じ入って、ようやく気がついたのである。

あれほど愛読できたのは、文章が素晴らしいからだと。何度読んでも飽きさせなかったのは、訳者の才能だと。また、そのキレの良い文章が英文の構造に似ていて、英単語の本の味気なさを補っていたのだと。

そしてこの本が、マリリン・モンローの没後いちはやく世に出た、本格的な評伝だったのである。

その後、マリリン・モンローについての、夥しい数の作品が生まれた。

書籍、ドキュメンタリー、映画、様々なグッズ。いまだにスクープ、と称して、マリリンの誕生日や命日が近づくと、年中行事のように、大小のニュースが週刊誌を賑わせる。

マリリン・モンローは、一九二六年に生まれ、一九六二年、三十六歳でこの世を去った。

たった三十六年、この世にいただけなのに何と大きなものを残していったことか。美人女優もセクシー女優も、いくらでもいるのに、なぜ、マリリンだけが、今でも、愛され、なつかしがられ、真似され、慕われ、隣のマリちゃんのように親しまれているのか。アメリカだけでなく世界中で、男だけでなく女たちからも、絶大な人気を博しているのは、なぜなのか。

十六の夏

私とマリリン・モンローとの出会いは、その評伝を読み始めた時よりも三年ほど前に遡る。

高校一年の夏休み前だった。

一九七二年七月の甲府は、今ほど暑くはなかったが、私は水泳部員で、ほぼ毎日プールに飛び込み、一キロか二キロ泳ぎ、疲れればプールサイドに腹ばいになって、友だちとおしゃべりをするか、借りてきた漫画を読んだ。

プールサイドには、欅の大木があって葉が茂り、木陰は涼しく、広げたページに地図のような影を落としてちらちらと揺れるので、眠気を誘われる。

校門の前の貸本屋の休業日は、漫画を借りることができないのでつまらない、と思っていた時、目の前に一冊の雑誌が差し出された。

「貸してあげる。」

そう言った親切な友だちがだれだったか思い出せない。差し出されたそれは多分、「スクリーン」か「ロードショー」のどちらかで、「マリリン・モンロー没後十年記念特集号」だった。

重くて大型の紙質の良い雑誌だった。そのグラビアには、いかにもアメリカ人らしいブロンドの若い女性が、青い海を背に、真っ白い水着を着て、唇を赤く染め、パラソルを持って、太陽のように笑っていた。

あどけない顔立ちに豊満な体つき。

この人が、マリリン・モンロー。

説明によると、生い立ちは悲惨だった。

ロサンゼルスの中産下層階級に生まれたが、父親がだれかもわからず、映画制作会社でフィルム・カッターとして働いていた母親は精神が不安定で入退院を繰り返していたため、赤ちゃんの面倒をみることができなくて、生後一週間で里子に出される。里親のもとで七歳まで育てられ、その後親戚や知人の家、孤児院などを転々、行くあてがなくなったので十六歳で結婚。

夫の出兵中、工場で働いているところを写真に撮られ、その写真が評判を呼び、モデルとして活動するうち女優になりたくなって離婚。

そこから先の二十年たらずの歳月を、アメリカン・ドリームと呼ぶのは、間違いではない。

また、シンデレラ・ストーリーとも、根性物語とも、奔放な男性遍歴の記録とも、権力との戦いとも言える。

確かなのは、ひとりの少女が、猥雑で混迷を究めた場所で、素直な美しい心をそのままに生きて、死んだ、という事実。

なぜ、そんな生き方ができたのか。

そういう生き方だったと、なぜ私は思うのか。

「マリリン・モンロー没後十年記念特集号」の最後は見開きで、右のページには、孤児院で暮らしていた頃の写真と、それについてのマリリン自身のコメントが載っていた。

「ベッドの中で睡眠薬のビンを片手に、死んでいるのを発見される、といったタイプの女の子だったのです。」

おんなじだ!!

私も死ぬことばかりを願う毎日で、リストカットを繰り返し、睡眠薬を飲み下し、救急車で運ばれたこともあった。「傷が深いな、あと五分遅かったらダメだった。」という声と、ブロバリンの甘い香りと血の匂いを覚えている。

左のページでは、一九六二年五月十九日にマディソン・スクエア・ガーデンで行なわれた、ケネディ大統領の誕生パーティの席でマリリン・モンローが祝辞を述べていた。

マリリンは、総ビーズのイブニングドレスに身を包み、髪をフワフワにセットして、マイクを握っている。

彼女は大統領の愛人で、大統領から頼まれてパーテイに出席した、という説明が添えられていた。

ほんとう？

確かに、大統領はにこにこしているし、観衆も皆うれしそうに拍手している。

もし、その説明が真実だとしたら、大変な出世ではないか。

父の愛も、母の愛も知らず、あちこちたらい回しにされて、自殺願望を友だちにして成長した女の子が、ハリウッドに進出して女優となり、時の大統領に愛され、式典に招かれたのだ。

だれからも顧みられず、死んだら死んだで、闇から闇に葬られても不思議はないような身の上だったのに。睡眠薬のビンと一緒に眠っていた頃から、およそ二十年で、スターの階段を駆け上がり、まばゆい光のまっただなかに躍り出たのだ。

その時代の、その国の、最高の男の前で、最高の女として、スポットライトを一身に浴びて。

見開きのグラビアの、右のページは自殺未遂、左のページは大統領。

どうすれば、こうなれるのだろう。


マリリンと同じく、睡眠薬のビンを握りしめ、毎夜自殺願望と一緒に眠っていた十六歳の私は、右ページと左ページのあまりの格差に驚き、右と左が同一人物の身の上に起こったことなのかと感嘆し、出発点が同じなのだから、それなら、私もがんばれば、何者かにはなれるのかもしれない。

これは発見だった。

私は、雑誌を閉じて起き上がり、プールに飛び込んだ。女優になれるはずはない。大統領の愛人なんて訳わかんない。

でも、今、私は、生きている。この前、百錠も睡眠薬を飲んで、あれほど深く手首を切り、あと少しで死ねるはずだったのに、今、生きているという不思議。

私が死にかけたことなど、友だちはだれも知らない。

そして、いつか、おとなになるのだろうか。

おとなになって、生きていてよかったと、思う日が来るのだろうか。


大統領ほどハンサムではなかったが、その頃、仲のよかった同級生の男子の顔を思い出した。しばらく前に私は、彼に心中話を持ちかけて断られていた。

死にたい理由を並べたて、一緒に死んで、と頼んだ時、彼の言った言葉が忘れられない。

「ばっかだなあ、おとなになれば、すっごくいいことできるんだぜ。」

その時、夕闇迫る校舎の廊下で、ロッカーにもたれて話をしていた彼と私の、目と目が合った。彼の、明るい茶色の目が、すうっと透き通った。

昔の田舎の高校生同士、それではその、すっごくいいことをふたりで試してみよう、という話にはならなかったが、私は彼の言葉に驚くと同時に、なぜか、心と体が、ひとまとまりになる感覚を味わった。

その彼とは、高校を卒業してから、いちども会っていない。どんなおとなになったのだろう。すっごくいいことを、たくさんしているかしら。

私は、一九五六年山梨県の田舎で、公務員の父と専業主婦の母の間に生まれ、四つ年下の妹と共に育ち、十三の時甲府に引っ越し、十八で上京、二十五からずっと神奈川県の逗子市に住んでいる。一男二女の母親で、夫を六年前に病気でなくした。

平凡な人間だが、振り返ってみると、幼少期に両親から受けた虐待の影響が思春期くらいになってからあらわれ、長い間まともに人づき合いができなかったような気がする。

三人の子どもたちのかわいさと三十年間の幸せな結婚生活、そしてたくさんの出会いに恵まれてここまできたけれど、いじめられ続けた経験をなかったことにはできない。

虐待は、むごい扱いを受けた側が訴え出なければ、何もなかったことになる。表向きは。

また虐待された子どもの性格によって、重く受け取られもするし、軽く受け流されることもあるだろう。

ただし、受け流した理由が、きちんと受けとめるには苦しすぎるから、という場合には、人生は長いので、のちのち、とんでもない時に血を噴くことになる。

血を噴いている最中、たまたま目にした、マリリン・モンローという名の女優に、自殺願望という共通点があったというだけの理由で、私は自分を重ね合わせてしまった。

重ね合わせる、という自由はあった。

そして、その十六の夏からずっと、四十年以上も、彼女に関する本が出版されるたびに読み、ドキュメンタリーや映画も見逃さず、追いかけ続けてきた。

児童学との出会い

予備校に通う、などという贅沢が許されたのは、中学三年の時の担任の教師が、私の母親に、まりさんを、大学に行かせてやってください、と頼んでくれたからだった。その奥田理先生には、今でもお世話になっていて、私は卒業式の季節に「仰げば尊し我が師の恩」の歌を聞くたびに先生を思い、未だに恩を返していないことを情けなく思う。

予備校では友だちもでき、そのうちのひとりから、「児童学」というおもしろい学問があることを知らされた。

「姉が児童学科の三年で、講義が楽しくて仕方がないって言うのよ。」

そこで、彼女に頼み込み、「児童学」の入門書を借りてもらったところ、これが滅法おもしろい。

特に心をひかれたのが、今は亡き、田口恒夫先生がお書きになった文章で、その中の「本当に面白いから」という一文を読んだ時、児童学を学ぼうと決めてしまった。大学に入学して田口先生に初めて会った時の喜びも忘れられない。そして学業を終えたのちも、子どもたちをひき連れて、出不精の旅行嫌いなのに十回近く、栃木まで先生に会いに通った。

修士課程を修了後、就職はしなかったが、学んだことを伝えたいという気持ちは薄れず、自分なりに修業を積んできた。

今なお、私の興味の中心は、児童学であり、育児である。自分が女だからだろう、とりわけ、女の子が育つ、ということに関心が向く。

私が児童学を学んだ頃、大学では、個性豊かな教授陣が、「児童学なんて学問じゃない」と、科学を偏重する学問の主流派から軽視されがちなのを、何とかはね返そうと奮闘していた。

保育、文化、保健衛生、障害児教育、福祉、人間関係、家族の問題、など、テーマは多岐にわたったが、ひとことであえて言えば、子どもを大事にしよう――というのが、児童学の目的だった。

大事にするためには、理解しなければならない。社会的弱者である子どもは、保護され、愛されなければならない。

だれでも、かつては子どもだったはずだが、おとなになると、自分が子どもだったことを忘れてしまう人が多い。そして、拝金主義・経済効率優先の世の中で、子どもは、まるで、経済活動を行なわない人、つまり無価値に等しい、というレッテルを張られている。

子どもを大事にすることは、お年寄を大事にすることにもつながる。苦しい、助けて、と言えない人に救いの手を差しのべられないなら、経済大国とは無慈悲大国だ。

しかし、各家庭の扉は閉じている。

家の中で何が行なわれていても、扉の外には漏れない。
このギャップが虐待を生む。

私にとって、マリリン・モンローとは、自殺に失敗して生きのびて映画女優になった人であり、最悪の環境の中から育ち上がった最高の女であり、被虐待児の華麗な変身である。

私も、両親から虐待を受けた。そして児童学を学びながら、子どもを育てながら、世間を眺めながら、マリリンを道連れに歩いてきた。ほかにも高校時代は『徒然草』の兼好法師が大好きだったので、国文科に進んでいずれは『徒然草』の現代語訳に挑戦したいと考えていたけれど、予備校で児童学と出会って、まことに幸せだった。
そこから私の、本当の人生が始まった。

男と女の間

ケネディ大統領は、マリリンが死んだ翌年の一九六三年、ダラスで暗殺された。二〇一一年は、大統領就任から数えてちょうど五十年目だったので、様々な記念行事が催され、テレビドラマも制作されている。

日本で放送された時は私も心待ちにして見たが、全体としては、彼を英雄視し、その功績を讃える作りだった。

印象的だったのは、ケネディ一族の結束の固さである。

一族を代表するジョン・F・ケネディ（JFK）のために、一族郎党がその力を結集し、盛り立て、いかなる協力も惜しまない。巨大な富と権力を武器にしてどんな難題にも立ち向かい、勝利を収める。

一方のマリリンはと言えば、相も変わらずダム・ブロンド（馬鹿な金髪娘）として描かれていて、私はがっかりしてしまったけれど、それが今でも広く世間に流布しているイメージなのだろう。

ドラマの中でマリリンは、JFKに結婚を迫ったことになっている。JFKは困り果てて、弟で司法長官のロバート・ケネディ（RFK）に、マリリンを説得してあきらめさせてくれと頼む。

ところが、説得しに行ったはずのRFKは、逆にマリリンに誘惑されてしまって――という展開。

それに先立ち、RFKとマリリンが初めて顔を合わせたのは、あるパーティの晩だったが、その時も、マリリンは床に落としたイヤリングを捜すフリをして、しきりに彼を挑発していた――という設定。

だれが、初対面の司法長官の、膝に乗ったりするものですか‼

女ってやつはそういうことをするもんだ、あるいは、マリリンならそのくらいやりかねない、と考えるのが男というものなのだろうか。

そうだとしたら、男と女の間には、暗くて深い溝がある。


溝は、男と女の間だけでなく、親兄弟の間にも、友人同士の間にも横たわっていて、人はそれを淋しがり、何とかして埋め立てようとあがく。甚だしい誤解は解かなければならないが、溝を埋める必要はないと思う。

時に気まずいことが起きても、両者の間に溝があれば、お互いにその岸辺に立って、しばし風に吹かれて時間を稼ぐことができる。腹が立っても、溝さえあれば、容易に水に流せるではないか。

溝があるから、それがゆとりとなって、魅力は魅力のまま輝き、謎は謎のまま保たれて、その関係は色褪せない。

お互いに手が届かない歯がゆさと切なさが、いついつまでも恋心に火をともす。

男と女はわかり合えないから惹れ合い、溝があるから、マリリンのような無防備な人が、そこで徒花《あだばな》を咲かせることができたのだと思う。

マリリン・モンローという人に、私は、人間が人間であることの良さを強く感じる。どの人生も苦しい。そして、だれでも、自分で人生の慰めを見つけるしかない。

マリリンが今でもこれほど多くの人に愛されているのは、この人の世の、淋しさと温もりの両方を、あの体をいっぱいに使って教えてくれたからではないだろうか。

九十歳のお誕生日

マリリンが生きていれば、二〇一六年の六月一日に、満九十歳になる。

九十歳のお誕生日当日のマリリンを想像してみよう。

ロサンゼルス郊外の広い庭、抜けるような青空の下、マリリンが白い家のポーチから歩み出て来る。

ベージュの長袖のワンピースに同色のハイヒール、一粒の白い真珠のピアスが耳元で揺れている。

顔はシワシワで、笑うとシワだらけになる。

顎までの長さの内巻きのブロンド、ハート形の顔の輪郭、大きな青い瞳、目尻でいったん下げてから切れ長に見えるよう跳ね上げて描いたアイライン、口紅とマニキュアは赤。

衛星生中継を固唾《かたず》をのんで見守っていた世界中のファンは、それぞれの国のテレビ画面の前で胸を熱くする。

ああ、昔と、何ひとつ変わっていない……

もちろんそんなはずはない。何しろ、デビューから数えて七十年にもなるのだから。それにしても、よく生きのびたものだ。ファンはしみじみとそう思う。あのマリリンが元気に九十歳を迎える日が来るなんて。

結婚と離婚を繰り返し、アルコール依存を疑われ、薬物中毒になり、自殺未遂はわかっているだけで三回。

しかし、七〇年代に盛んになった女性解放運動が、女の魅力と自立心を兼ね備えた理想の人物としてマリリンに注目、高く評価。

マリリンの人生は、女性解放運動の歴史とぴったり重なり、進みたい方向に道が開けていって、次第に自分のペースで仕事ができるようになった。

時間をかけて脚本を読み込んで、監督を選び、三年に一本位の割合で映画を作り続け、念願のオスカーを手にした時には、五十代になっていた。

何度も引退がささやかれたが、その度に復活し、一度も太らず、奇行に走ることもなく、慈善活動に熱心で、着飾らず、海辺の白い家で数人の使用人たちと静かに暮らした。

きょうのいでたちもエレガントそのもの。

デコルテは広く開いているが、胸の谷間は見えない。谷間なんて、今でもあるのだろうか。男たちを悩殺した豊かな胸も、いくら何でももうしぼんでしまったことだろう。

モンローウォークと呼ばれた、お尻を振りながら歩く歩き方も、こんな小さなお尻ではもうできまい。

する必要もなくなった。

スターになるための、デフォルメだったのだから、自分の長所を活用して成功したあとは、本当の女の美しさと哀しみを表現したくて、自然な感じの演技を追求してきた。そして、それは、比類なき魅惑的な才能として、世界的な名声を得たのである。

いくつかの、心を打つ作品が制作され、そのうちの何本かは映画史に名を刻まれた。「死ぬのは怖くないの。私は十分に生きたわ。たくさん映画に出て、世界中のファンの人たちに愛されて、幸せだった。こんなに長く生きてこられたなんて、本当に夢のよう。みんな、ありがとう。心から御礼を申し上げます。」

マリリンの目から大粒の涙がこぼれ落ち、彼女は白いハンカチで涙を拭いて、脚を組み替えた。その途端、シャッター音がいっせいに鳴り響く。パシャパシャパシャパシャパシャ……

マリリンが笑う。インタビュアーも、ファンも笑う。やっぱり今でも彼女をセックスシンボルとして扱ってしまうのだ。九十歳にもなって、スカートの奥が注目されるのは、マリリンくらいのものだろう。

そして、笑顔は今でもあどけない。

九十になってもあどけない。

それは天然の女の子のまま年をとったからで、それが彼女の魅力の中心をなしている。

弱い者の味方で、どれほどの男にかしずかれても、どんな富に恵まれても、ただの一度も私利私欲に走らず、驕り高ぶることもなかった。

夏休みの宿題を、まだ半分しか片づけていない少女のように、謙虚で、心の中では泣きべそをかきながら、いつかは、いっぱしの女優になりたいものだと願い続けてきた。

長いこと、教養のない野生児みたいに扱われたが、劣等感をバネにして果敢に新しい課題に挑戦し、何もかも自分の責任において選択していった人間がやがて到達する高みには、他の人はだれも登れない。

マリリン・モンローという芸名の、不世出の女優は、彼女自身の独学によって作られたのだ。アメリカ人が、セルフ・メイド・マンと呼ぶ、学校教育よりも自分自身の創意工夫によって独特の地位を築いた人物。

　マリリンはきっと、最後にこう言うだろう。

「またお会いしましょうね、生きていたら。皆さん、どうかお元気で。そして、今も争いが続いている国の苦しんでいる人たちのことを忘れないで。本当はみんな、仲間なのよ。みんなで助け合うのが自然の姿なのよ。苦しい人がいる限り、本当には幸せにはなれないわ。」


　衛星生中継は終了。多くの人がテレビの前から離れていく。胸を詰まらせながら。

第二章　恋人たち

トロフィー・ワイフ

マリリン・モンローと聞けば、スキャンダルを連想する人は多い。マリリンにしてみれば、もててもてて困っただけのことなのだが。

だれでも年頃になれば、もてたいと願うものだが、その願いはなかなかかなわず、あれこれと思い悩むのが普通だと思う。

その点、マリリンは、十三歳くらいになって体つきが丸く女らしくなり始めるや、もてもてになり、そのまま世界一もてる女へと成長してしまった。

男子の視線を意識して歩けば、ナイスバディは言葉よりも雄弁だった。男子がうれしがれば、マリリンもうれしかった。それまでさんざん淋しい思いをしてきた女の子にしてみれば、そのうれしさは生きるよすがとなり、スターになってからも、生涯、そのうれしさから離れなかった人である。

フェミニストの論客として著者なグロリア・スタイネムが、面白いことを言っている。

「マリリンが一流好みだったのではない、一流好まれだったのだ。」

けだし名言で、その時代の名だたる男たちがこぞって彼女に会いたがった。だが、マリリンは虫の好かない相手とは決して会おうとせず、当時過激な作品を発表して飛ぶ鳥を落とす勢いだった作家、ノーマン・メイラーからの、再三にわたる誘いも断り続けている。

ところで、成功した男が糟糠の妻を捨て、若い美女と再婚する話はよくあるが、こういう場合の新しい妻を、アメリカ人は、トロフィー・ワイフと呼んでいる。

勝利の証を高く掲げて喜ぶ様子は、ほほえましいと言えなくもないが、トロフィー・ワイフにとってのトロフィーは、その男の財布なのだから、そんな結婚がうまくいく道理がない。

でも、もしも、あのマリリン・モンローと同じ時代に生きていて、彼女を手に入れることができたとしたら、それは、まさに最高のトロフィー。腕に覚えのある男たちは皆、同じことを考えたのだ。

最初の目利きは、ジョニー・ハイドという大富豪で、ハリウッド最大のエージェント会社の副社長。

五十三歳の既婚者で、子どももいて風采はあがらず、しかも病弱で心臓が悪かったのに、大晦日に行われたパーティでマリリンに一目惚れ。年が明けるや、海辺の別荘に招待して猛アタックを開始した。

マリリンは、まだ二十二歳。

ろくにごはんも食べられないような暮らしぶりだったので、喜んで御馳走にはなったものの、三十も年上の男を恋愛の対象と見るのには無理がある。

ジョニーの方は、マリリンにぞっこんで、妻子を捨て、新しく豪邸を用意してプロポーズ、同時に自分のエージェントに移籍させる。つまり、何もかも投げうって、人生のすべてをマリリン一色に塗り替えてしまった。

それほどの男がそこまでするからには、もちろん売り込みだって中途半端では終わらない。マリリンを一流の女優に育てようと、ありとあらゆる手を打った。

あちこちのパーティに連れ歩いてマリリンの顔を売り、二十世紀フォックスのオーディションを受けさせ、名監督ジョセフ・L・マンキーウィッツに紹介し、それが『イヴの総て』に出演するきっかけになった。

持病がもとで約一年後に死去するまで、文字通り、死力を尽くして、病床からも関係者に電話をかけ続け、何とかコネをとり結び、足がかりを作ろうとした。

マリリンは、もちろん心から感謝したが、「愛してないの。フェアじゃないわ。」と言ってプロポーズはきっぱり断った。それでもジョニーは、君はいつか必ず大スターになる、と言い続け、「ライフ」誌のグラビアにマリリンを華々しく取り上げさせたのが、最後のクリスマスプレゼントとなる。

映画産業の世界で成功を収めた人物が、すべてを賭けて愛してくれたのに、また、彼の余命があとわずかであることは周知の事実で、彼自身、「結婚してくれれば君はすぐ金持ちになれるよ。」と言ってくどいたのに、マリリンはなびかなかった。

アクターズ・スタジオの創始者リー・ストラスバーグの娘で、女優でもあるスーザン・ストラスバーグは、『マリリン・モンローとともに　姉妹として、ライバルとして、友人として』（小田宏一訳、草思社、二〇一一年）でこう言っている。

「マリリンにはそもそも物欲というものがなかった。」

マリリンの気前の良さは広く知られていて、プレゼント魔と呼ぶ人もいた。亡くなった時の調査によると、遺産は、六万ドルの自宅、三千二百ドルの家具と私物、三千二百ドルの貯金、四百五ドルの現金だけだった。

その自宅も、路地の裏にある白いメキシカンスタイルの平屋建てで、裏庭のプールがマリリンのお気に入りだったが、大スターの豪邸というイメージにはほど遠い佇まいといえる。


孤児院育ちだったせいか、孤児に寄せる関心と愛情は一通りではなく、暇をみては訪問して子どもたちと遊び、長年にわたって寄付を続けた。小切手に数字を書いてから、しばらく考え、ゼロをひとつ、書き足したこともあった。

このようなお金や物への執着のなさは珍しい。

マリリンよりも六歳若く、美人の代名詞だったエリザベス・テイラーが、二〇一一年、七十九歳で亡くなり、その後、彼女の宝石のコレクションがオークションにかけられ、話題になったことは記憶に新しい。

マリリンとは桁違いの出演料を取り、八回も結婚して大富豪の夫たちから高価な宝石を贈られたリズのコレクションは圧巻で、大粒のルビーのネックレスなどは、できるものなら一夜限りの宝石泥棒になって盗み出したいような逸品だ。

でも、マリリンなら、「いらないわ。」と言うだろう。

マリリンが所有していた宝石らしい宝石は、ジョー・ディマジオと新婚旅行で来日した時に買ってもらった真珠のネックレスだけ。

大粒で照りの良い最高級品（日本橋のデパートに展示されたのを見て確認）だが、そのネックレスも演技コーチのポーラ・ストラスバーグ（スーザンの母）にプレゼントしてしまった（ジョーと別れた直後だったし）。

無欲なところは、容姿や仕草にもあらわれている。あぶなっかしくて、とまどいがちで、間が抜けているわりにはカンがよく、泣き虫で、淋しがりやで、口説かれ上手。映画『紳士は金髪がお好き』の中で、マリリンがタキシード姿の男たちに囲まれ、

「ダイヤモンドは女の子の親友」を歌って踊る場面は、ミュージカル映画の古典的名場面だが、それだけに、よく真似される。

例えば、マドンナも、衣装から脇役に至るまでそっくり同じ設定にして、「ダイヤモンドは女の子の親友」を歌っている。

マドンナの方が、マリリンよりも、歌唱力もダンスのセンスも数段上であるにもかかわらず、おもしろくもなく、かわいくもない。

もともとは、アニタ・ルース原作の、ブロードウェイミュージカルの挿入歌で、「女が年を取ると魅力を失って、男は冷たくなるけれど、ダイヤモンドの輝きは永遠だから、ダイヤモンドは女の子の親友なのよ。」といった意味だ。

だから、マドンナが歌ったのでは、風刺もひねりもユーモアもない。マドンナらしい欲望をそのまま述べているだけだから、単なる宝石狂の歌になってしまう。

この世で一番大事なのは愛。思いやりや優しさや、あたたかい心——ということを身にしみて知っている女でなければ、「ダイヤモンドは女の子の親友」を軽やかに歌うことはできない。

そう言えば、「軽み」は、マリリン・モンローの持ち味だった。

こういう女は、トロフィーにはなれない。

最初の夫

マリリン・モンローはもちろん芸名で、生まれてから十六までの名前は、ノーマ・ジーン・ベイカー。

十六歳の誕生日を迎えてすぐに結婚し、ノーマ・ジーン・ドアティになった。

近所に住んでいた五歳年上のジム・ドアティは、高校で生徒会長を務めたこともある好青年で、ロッキード・エアクラフト社で働いていたが、結婚してまもなく海軍に入隊。

ふたりが結婚式を挙げたのは、一九四二年の六月で、その前年の十二月に日本軍が真珠湾を攻撃、すでに、日米戦争が始まっていた。


マリリンの実の母親は、その頃、精神病のため長期入院中。十二歳から十四歳まで一緒に暮らしたアナおばさんは心臓病が悪化。その後居候させてくれたグレースおばさんは、夫の転勤に伴い遠方へ引っ越しすることになり、そうなってみるとマリリンは孤児院に戻るには年齢がいきすぎていた。

つまり、どこにも行く当てがないから結婚したのだけれど、ジムのことは嫌いではなかったし、周囲の連中が強く勧めるので、身の振り方としては、悪くない、はずだった。

だが、夫は仕事で留守ばかり、妻は女優志願、そんな若い夫婦が長続きする訳がない。四年後に離婚。

「彼女は何もできずにおどおどしているだけで、ぼくもうまく彼女を導くほど大人ではなかった。まだ子供で些細なことでも傷つくのは知っていた。家を出るたびにキスしないと、ぼくが怒ってるんじゃないかとかんぐった。二人でよく口論した。『うるさい！』とどなって勝手にカウチで寝たりすると、いつのまにか彼女が横で寝てるか、そばの床に坐っていた。とにかく人を許す女だった。人を恨んだりはしなかった。」（ドナルド・スポト『マリリン・モンロー最後の真実　PART 1』小沢瑞穂・真崎義博共訳、光文社、一九九三年）

自分の幼な妻だった女が、セクシー女優として名を上げた時、どんな気持ちになったのか、推し量り難いが、その女の十四歳から二十歳までを見届けて、後半の四年を夫婦として暮らした男の言葉には重みがある。

「人を許す女」は、あまりいない。

いつまでも根に持って恨み続け、蒸し返しては怒り狂う女がほとんどではなかろうか。マリリンのこういった性質は、態度や表情にもあらわれている。

「それでいいのよ。」とでも言いたげな、しどけない甘さ。人を責めたり追いつめたりしない、逃げ腰の問いかけ。相手に恥をかかせまいと、さりげなくうやむやにしてしまう、ゆるい判断。

後年、マリリン・モンローとなった女は、この寛大な魂を核として形成されていったのではないだろうか。

二番目の夫　ジョー・ディマジオ

一九五四年一月、二十七歳になったマリリンは、元ヤンキースの強打者、ジョー・ディマジオと結婚。

『ナイアガラ』『紳士は金髪がお好き』『百万長者と結婚する方法』と立て続けにヒットを飛ばし、スターの地位を確立した頃だ。

二月には新婚旅行で来日したが、この時からふたりの仲はきしみ始める。

ジョーの野球の仕事を兼ねた新婚旅行だったが、マリリンにも仕事の依頼が舞い込む。在日米軍からの要請で、朝鮮戦争で出兵している米軍の慰問のため、韓国に行ってほしいというのだ。マリリンが行きたがるので、ジョーはしぶしぶ承知する。

マリリンの人生には、スターらしい栄光に包まれる瞬間が何度も訪れるが、この韓国での四日間がその最初となる。

韓国に到着したマリリンは、ヘリコプターやジープを乗り継いで、米軍の十か所の駐屯地を精力的に回り、十万人以上の陸軍兵士と一万三千人以上の海軍兵士から熱烈な歓迎を受けた。

韓国は真冬で、ワンマンショーは初めてだったにもかかわらず、肩ひもの細いぴっちりしたドレスを着て、大きなフープのイヤリングをつけ、間に合わせのステージに立って、映画の中で歌った持ち歌を熱唱。

「みんな、声を張りあげて応援してくれたわ。私は、笑って立ってた。そのうち、雪が降ってきたの。でも明るい日ざしを浴びてるみたいに、暖かかった……いつも、観客が怖かったの。どんなお客さんでもね。胸はどきどきするし、頭はぼうっとなるし、声がまったく出なくなるの。でも、大声で叫んでいる兵隊さんたちを前にして、降りしきる雪の中に立っていると、生まれて初めて何も怖くなったの。ただひたすら幸せだった。」(ドナルド・スポト『マリリン・モンロー最後の真実 PART 1』小沢瑞穂・真崎義博共訳、光文社、一九九三年)

故郷に妻子や恋人を残し、母国のために銃を携えて愛から最も遠い所へ行かなければばならない兵士たち。その苦悩に寄り添うように、マリリンは心を込めて歌った。数万人の兵士の熱狂を、舞台の上で両手を広げ、ひとりで全部受け止めて愛の倍返しをしているような、会場全体がひとつになった素晴らしい写真がある。

降りしきる雪は降り注ぐ愛。

すでに、十分にスターだったが、この時初めてそのことを、肌でひしひしと感じたのだった。

この時のドレスは、転居するたびに持ち運び、後々まで大切に保管して、時折取り出しては眺めた。至福の思い出として。

さて、東京には夫が待っていた。

「素晴らしかったのよ、ジョー！　あんなすごい歓声は、ぜったい聞いたことないと思うわ。」

「いや、あるよ。」

元ヤンキースの伝説の強打者は、平然とそう答えた。

ジョーは、まだわかっていなかった。

自分の妻は、妻である前にスターであり、スターである以上に芸術家だということが。

特定のだれかのためというわけでも、ギャラのためでもなく、苦しんでいる人や悲しんでいる人のためになるなら、喜んで全てを捧げ、美しい世界を志向して生きていこうとする人間が、本当にいるなんて。


マリリンは、ジョーの誕生日に金のメダルを贈ったことがある。メダルの裏には、サン・テグジュペリの『星の王子様』(内藤濯訳、岩波書店、一九七四年)の一節を彫らせた。

『心で見なくちゃ、ものごとはよく見えないってことさ。かんじんなことは、目にみえないいんだよ』

「いったい、何のことだ?」

ジョーの返事はそれだけだった。

同じ一九五四年の九月、マリリンは、ビリー・ワイルダー監督のもとで『七年目の浮気』の撮影に入る。

ニューヨークの地下鉄の通風口の上にマリリンが立ち、スカートが風にまくれあがるシーンを撮影した時には、夜中だったにもかかわらず、約二千人の野次馬が詰めかけてしまった。ファンも、ファンでない人々も、マリリン・モンローをひとめ見ようと、あわよくばスカートの中も見たいものだと、にやにやしながら押し合いへし合いしていたのだが、その中でただひとり、苦虫をかみつぶしたような顔をしていたのがジョー。

歴史に残る名シーンだったのに、公衆の面前であられもない姿を見せるとは何事だ、と激怒したジョーは、帰宅したマリリンを殴ったと言われている。

まもなく離婚。

だが、ジョーはマリリンが忘れられない。

約六年後、アーサー・ミラーと離婚したばかりで、鬱状態になり、アルコールや薬を飲み過ぎて自殺を図ったマリリンは、かかりつけの精神分析医の勧めにしたがって、ニューヨークのペイン・ホイットニー精神クリニックに入院。精密検査を受けるだけだったはずなのに、重症の患者を拘束するための個室に入れられ、恐怖と屈辱の責苦を味わった。

この時ジョーが駆けつけて、病院側と交渉し、マリリンを救出した。

それが復縁のきっかけになる。

ジョー・ディマジオは、偉大な野球選手だったが、亭主としては幼稚だった。

しかし、マリリンを支配するのではなくて理解し、思いやり、守ることを学び、かけがえのない恋人へと変わっていった。

三番目の夫　アーサー・ミラー

一九五六年、二十九歳のマリリンは、十歳年長のアーサー・ミラーと結婚。『セールスマンの死』、『るつぼ』など、傑作を発表して当時のアメリカの劇作家の頂点に立っていたアーサー・ミラーは、知性派の代表と目されていた。

ふたりの結婚は、アメリカ最大の頭脳とアメリカ最大の肉体の結婚、と揶揄され、最強のカップル誕生、と話題になる。

長身痩軀で丸眼鏡をかけたアーサー・ミラーは、マリリンが尊敬していたリンカーン大統領によく似ていて、父親・教師・夫の三役を兼ね備えた理想の男性だった。

ふたりは以前からの顔見知りで、その時はお互いに家庭を持っていたのだが、再会を機に急接近し、大恋愛に発展、それぞれ身辺整理をして結婚までこぎつける。

アーサー・ミラーはマリリンに首ったけだったが、マリリンも真剣だった。まず、夫と歩調を合わせようとユダヤ教の教義を学び、ユダヤ教に改宗してユダヤ式の結婚式を挙げ、この結婚によって生まれる子どもをユダヤ教徒にすることを誓って、教父を喜ばせた。自分を根本から変えてでも、何と引き換えにしてでも、幸せになりたかったのだろう。

子どもは、ずっと欲しかった。

欲しくて欲しくてたまらなかったが、二度妊娠したものの、子宮外妊娠と流産という結果に終わる。マリリンは絶望し、自殺を図り、すんでのところをアーサーに救われる。

当時、アメリカはソ連と冷戦状態だったが、一九五〇年頃から、共産主義者を追放する「赤狩り」が始まっていた。いわゆる「マッカーシー旋風」である。アーサー・ミラーも、ジョセフ・マッカーシーの非米活動調査委員会から喚問され、「証言」を求められた。

仲間の名前を白状しなければ、国会侮辱罪に問われて禁固刑に処せられるかもしれない。しかし彼は口を割らなかった。有罪となり、控訴、最終的には無罪。

マリリンは、「アーサーには指一本触れさせやしない。」と息巻いて、初めから終わりまで夫を守り、精神的にも経済的にも支えた。

二十世紀フォックスの幹部だけでなく、しまいには社長みずからふたりのもとを訪れ、アーサーには委員会への協力を求め、マリリンに対しては彼を支持するのをやめるよう説得した。女優生命が絶たれるぞ、と脅しながら。

だがマリリンはひるまなかった。

結婚生活は四年半続いた。

この間に、『バス停留所』、『王子と踊り子』、『お熱いのがお好き』、『恋をしましょう』と、マリリンの代表作四本が完成。

最後に、アーサー・ミラーが原作と脚本を担当した『荒馬と女』が作られたが、愛妻に捧げるはずの作品が、ふたりの仲を引き裂いていく。

撮影前から険悪だった関係は、撮影中さまざまな行き違いからこじれにこじれ、ずたずたになって、とうとう終わりを迎えた。

四年半は長かった。

良き妻になろうと背伸びをして、苦手な家事にいそしみ、インテリアに気を配り、子どもを生むために治療を受け続け、政治的には国家を敵に回して夫への愛を貫き、仕事をしないので収入のない夫を養って、書斎のある家を建てようと計画したマリリン（実現はしなかったが、フランク・ロイド・ライトに設計を依頼している）。

アーサーにも言い分は山ほどあった。

家庭的な妻とは程遠く、落ち着きもなく、浮気者で薬物依存症、そのうえ不眠症で、眠るまでそばについていたり、自殺しないよう見張っていなければならない。仕事をしないのではなく、したくてもできなかったのだろう。妻のために神経をすり減らし、創作意欲を失っていったのだ。

ところで、『王子と踊り子』の共演者は、イギリスの名優サー・ローレンス・オリビエ。

アーサーとマリリンは、新婚旅行を兼ねてイギリスに行き、撮影中はずっとロンドン郊外のエガムに滞在していたが、そこで、マリリンにとって忘れられない出来事が起きる。

書きかけの台本がアーサーの机の上にあったので、マリリンが、ふと覗いてみたところ、その隣には日記帳が開きっぱなしになっていた。

「彼がわたしのことをとても恥ずかしく思っていることが書いてあるの。私を愛してるのが恥ずかしいって。初めはわたしのことを天使だと思ったけれど、いまは自分が間違っているのがわかったって。わたしがどんなに彼を失望させたかわかったの。」「わざわざ日記のページを開きっぱなしにしといたのは彼がわたしのことを本当はどう思ってるかを、わたしにそこを読ませてわからせたかったのよ。」（スーザン・ストラスバーグ『マリリン・モンローとともに』山田宏一訳、草思社、二〇一一年）

アーサー・ミラーほどの文豪が、その文才をそんなことに使うとは。

知的な男や自分のことを頭が良いとうぬぼれている男は、自己中心的で、女を道具とみなしている場合が多い。だから思い通りにならなければ、壊れた、と考える。「AからMへ　今が永遠に」と結婚指輪に彫らせて、ロマンチックな愛を誓った時もあったのだが。

ジョン・F・ケネディ（JFK）

さて、マリリン・モンローの恋人、と聞けば、ケネディ大統領を思い浮かべる人が多いのではないだろうか。

恋人、と呼べるような恋だったかどうかはわからないが、その関係は、アメリカ全土を揺るがすようなスキャンダルに発展した。

さらなる問題は、ロバート・ケネディ（RFK）との関係である。

JFKもRFKも、つまり兄弟ともにマリリンの愛人だったか、そして兄弟はマリリンの死に関わったのか。

新刊が出るたびに新説が出て、およそ信じ難いような話も多かった。

結局、真相は当事者にしかわからない訳だけれど、私は、マリリンの名誉のために、同じ女としての立場から、真相を明らかにしたい。

ローレンス・オリビエ、アルフレッド・ヒッチコック、テネシー・ウィリアムズ、マルレーネ・ディートリッヒ等の伝記を書いて名伝記作家と高い評価を受けたドナルド・スポトの『マリリン・モンロー最後の真実　PART１・PART２』（小沢瑞穂・真崎義博共訳、光文社、一九九三年）によれば、事実は単純である。

ＪＦＫとマリリンが会ったのは、四回。

初回は、一九六一年、サンタモニカのピーター・ローフォードの海辺の家で開かれたパーティ。

ローフォード夫人パトリシアは、ＪＦＫとＲＦＫの実妹にあたる。このパーティには、キム・ノヴァク、ジャネット・リー、アンジー・ディッキンソンも招かれていた。

ＪＦＫはブロンドの女優がお好きだったようだ。

二度目は、一九六二年、二月。社交界の花、フィフィ・フェルがマンハッタンの自宅で大統領のために開いたパーティである。

三度目は、その翌月の三月二十四日の土曜日。パーム・スプリングスにあるビング・クロスビーの家に招かれた大統領とマリリンは、だれにも邪魔されないひとときを共有する。それが、ふたりだけで過ごした、ただ一度だけの夜だった。この話には証人がいる。

ラルフ・ロバーツ。

彼は、もともとはアクターズ・スタジオ出身のハンサムな俳優だった。百八十センチを超える長身、読書家で礼儀正しく、筋肉のトラブルや物理療法に詳しく、スターのマッサージ師としてつとに有名だったが、マリリンと気が合い、いつのまにかマリリンの専属の整体師になっていた。

彼は、マリリンを妹のように大切にしていたので、彼女なきあと長い間、口を閉ざしていた。それでも、ドナルド・スポトのことは、信じてもよい人物だと思ったのだろうか、例の一夜について、驚くべき事実をあかした。

大統領とマリリンが、ベッドの中からラルフに電話をかけて、かわるがわる受話器を渡し合って、ラルフとそれぞれ会話をした、というのだ。

まず、番号を知っているマリリンがダイアルを回し、ラルフが出ると、体の構造に関して質問をしたので、彼が答えた。次に、マリリンに代って大統領が電話口に出た。大統領は、ラルフに直接御礼を述べた。

「彼女は足の裏の筋肉について私に訊いた。彼女はそのことについてメイベル・エルスワース・トッドの本（『考える肉体』）からある程度の知識を得ていて、明らかに大統領とその話をしていたようだった。大統領はさまざまな病気や筋肉痛、腰痛に悩んでいることで有名だった。」

「のちになって噂がたちはじめると、マリリンはＪＦＫと〝情事〟を持ったのはあの晩だけだと話した。彼が以前から、ローフォードを通して一晩彼女と過ごそうとアプローチしていたので、彼女も心をくすぐられたのさ。その週末が過ぎると、二人のあいだには実際に起こった以上のことがあったのではないかと思った者が多かった。だがマリリンは、そのことを二人にとってそれほど大したことと思っていないような印象を受けた。確かにその週末一度だけ二人は寝たが、それだけのことだと思っているようだった。」（ドナルド・スポト『マリリン・モンロー最後の真実 PART 2』小沢瑞穂・真崎義博共訳、光文社、一九九三年）

JFKとマリリンは、寝物語に、体を酷使する者同士の悩みを話し、そこで浮かんだ疑問点を、解決してくれそうな人間に電話して確かめたのである。

ラルフ・ロバーツの証言が、JFKとマリリンをめぐる膨大な量の情報の中で、唯一の具体的な証言である。したがって、信用できるのはこれだけ、とみてよいだろう。

JFKとマリリンが四度目に会ったのは、それから約二カ月後の五月十九日。マディソン・スクエア・ガーデンで行なわれたＪＦＫの誕生祝賀会パーティで、それが最後だった。

つまり、整理してみると実に簡単な話で、社交界のパーティで二度顔を合わせ、ＪＦＫがマリリンを気に入り、義弟に頼んでお膳立てしてもらい、一夜を共に過ごした。そして二カ月後には公の場でマリリンがＪＦＫのためにお祝いの歌を歌った。自然のなりゆきではないか。

ＪＦＫにとってマリリンがトロフィーなら、マリリンから見れば、ＪＦＫこそトロフィー。

ふたりともそれぞれの持ち場で頂点を極め、栄華の絶頂にあったのだから、同じ大きさのトロフィーが二つ並んだことになる。

意気投合しても不思議ではない。

一方、RFKとマリリンの密会は一度もない。ドナルド・スポトの調査では、ふたりのスケジュールをつきあわせてみれば一目瞭然で、地理的にも時間的にもまるでかみあわなかったという。

それでも長い間、マリリンが、こともあろうにケネディ兄弟を手玉にとったとか、そのために脅されたのだとか、FBIとかCIAとかマフィアとか、よくあるハリウッド映画のような話がまことしやかに語られてきた。

しかも話は、マリリンがファースト・レディになろうとして、JFKに結婚を迫ったことが発端とされている。

あのマリリンが、ファースト・レディになりたがるだろうか?

名門の出のジャクリーヌ・ブービエは、美人で秀才、スポーツ万能、まことにかわいらしい一男一女をもうけた申し分のない良妻賢母。

また、デザイナー顔負けのファッション・センスの持ち主で、歴代のファースト・

レディや世界の王族のだれもかなわない、極上にして独特のスタイルを自らの手で確立した。

さりげなくて、垢抜けていて、洗練された物腰は一分の隙もなく、世界中の人々を行く先々で魅了し、大統領が自分のことを「ジャクリーヌの夫です。」と名のったほどだ。

マリリンなんか、だらしがなくて、時間さえ守れなかった。

内気で、おどおどしていて、素頓狂なことばかりして、ただ豊かな感受性と優しい心と美しい肉体しかなく、それだけを元手に、何とかして素晴らしい女優になりたい一心で、崖を素手で登るようにしてスターへの道を這い上がってきたのだ。

スターになる前の売れない時代、生活苦にあえぎ、食べるためにコールガールとして働いたことがある、と言われていたが、それはどうやら本当のことらしい。

そんな女がファースト・レディになれるはずがないことくらい、マリリン自身が一番よくわかっていただろう。

大統領も男。

天下のＪＦＫと言えど、だれかに甘えたくなることもあっただろう。ジャクリーヌは完璧な妻だったが故に、かえって気詰まりだったかもしれない（推測にすぎないが）。だから、信頼のおける友人の別荘で、マリリンとふたりだけになった時、いつになくくつろいだ気分になって、身も心も解放した。

自分を、最高権力者とも、一門の出世頭とも見なさず、ただひとりの男、ハンサムで、魅力的な男盛りの男、として受け入れてくれる女がいたことは、ＪＦＫにとっても幸せだったのではなかろうか。

だから、気軽にラルフ・ロバーツの電話に出たりした。

それから二カ月たって、マディソン・スクエア・ガーデンを埋め尽くした一万五千人の観衆を挟んで、JFKとマリリンは再びお互いを見つめ合ったけれど、当然のことながら、大統領は大統領らしく、大統領の席で、大統領然としていた。

マリリンだって、天下のマリリン。

トップ女優の魅力をあますところなく見せつけて会場を沸かせ、歴史に残る素晴らしいパフォーマンスを披露した。

「ハッピーバースデイ、ミスター・プレジデント」と歌いながら、もしかしたら、あの三月の、大統領がマリリンだけのものだった夜の思い出が、ほんの一瞬浮かんで胸を熱くしたかもしれない。

私生児として生まれ、病気の母親に育ててもらえず、里親の家や孤児院を転々としながら成長し、食べていくために結婚し、売春までした女の子は、数え切れないほど多くの男たちの腕をすり抜けて、スターになり、大統領にもその身を与えた。そうしてそのよしみで彼に頼まれたから、撮影を抜けだしてニューヨークへ飛び、お祝いの歌を歌った。

その時、マリリンの胸に去来したのは、それまでの苦労か、撮影中の映画のことか、それとも、将来作りたいと思っている映画の構想だったのか——。

ファンの人たちにこの姿を見てもらいたい、喜んでもらいたい、と思ったのではないだろうか。

優しいマリリンのことだから。

生粋の方程式

淋しがりやの女の子、というイメージがつきまとったマリリンだが、友人も少なくなく、父親代わりも母親代わりも、兄同様の人も妹同様の人もいた。

多くの人に利用されたが、マリリンも人を利用したし、どっちもどっちであれば、志の高い方が生き残った。

あこぎな連中は、いつしか自滅していった。あとさきを考えず、自分の利益しか見えないので、だんだん辻褄が合わなくなり、姿を消すしかなくなってしまう。いくら偽装を凝らしても、見る人が見れば正体は丸見え。

それに、マリリンには、百万の味方がいた。

恋愛や結婚は独占欲を刺激して優しい恋人を支配者に変えるが、言葉を交わすこともなく、肌に触れることもなく、会ったこともない人々は、混じり気のない愛を投げかける。

五歳のマリリンに、きっとすごい美人になるよ、と保証してくれた近所のお兄さん。

真珠みたいな肌だね、と誉めてくれた店員さん。

脚がきれいだ、と言って赤面した上級生。

通りの向こうから口笛を吹く労働者たち。

そのひとりひとり、その言葉のひとつひとつが、寄る辺のない女の子にとっては何よりもうれしい宝物だった。それが心のよりどころになり、生きていく力となる。

一九四四年の秋、十八歳の新妻のマリリンにチャンスはいきなりやってきた。最初の夫の出征中、パラシュート工場で働いていたところへ、軍の映画班が写真を撮りに来たのである。

映画班の任務は、戦意高揚のため、愛国心に燃える美人が祖国を思って働く姿を広報誌に載せることだった。写真班と呼ばれたカメラマンたちは、作業中のマリリンを発見するや、他の女たちには目もくれずに彼女の写真を撮り始める。

この日、幼な妻ノーマ・ジーン・ドアティが、映画女優マリリン・モンローになったのだ、と私は思う。

レンズを向けられてシャッターを切られるまでのごく短い間に、彼女は本能的にポーズをとった。すでに被写体として最高の素材だったといわれている。

さらに、コンタクトシート、ネガ、プリントすべてを点検して、どんな欠点も見逃さず、すぐ修整した。

写真が軍の広報紙に掲載されると、反響は大きかった。マリリンは自信をつけ、プロのモデルを目指そうとエージェンシーに所属し、レッスンを受け始める。ダンス、歌、歩き方、笑い方……。彼女ほど熱心な生徒はいなかった。

一番上を狙っていたのだから。

スターを夢見るモデルの数は、その当時数千人といわれていた。野心あふれる美女がひしめきあう中、抜きん出てトップになるために、マリリンは骨身を惜しまず最大限の努力を重ねていく。

ずいぶん本も読んだ。

彼女が勉強家だったことはあまり知られていないが、向上心のかたまりだったと言っていい。

モデルとしてのマリリンは優秀で、たちまち売れっ子になった。そして、シャンプーの広告モデルに起用された時、すすめられてブルネットの髪をブロンドに染める。映画界入りまで、あと一歩。

外見が変化して自分に自信を持てるようになると、心の中も次第に変化し、明るくなっていくのだが、マリリンの方程式は幼い頃からちっとも変わらない。すなわち、見られて、見つめ返して、とりこにする。

マリリンのファンの多くは、ぎりぎりのところでがんばって働いている人たちだった。

浮き沈みのない友情。
ひたむきなあこがれ。
いちずな恋心。
ただ寄せるだけの好意。

投げかけるばかりのラブコール。

途切れることのない優しさ。

捧げ通す愛の形。


だれも、彼女を所有しようとも束縛しようとも考えない。どこまでいってもパラレルだから、お互いにいつでも自由。

この無条件の愛に無条件の愛で応えるという喜び。心と心でわかち難く結びついた、本物の好き同士。決して裏切ることのない恋。

生粋の男たちに愛される、生粋の女。

マリリン・モンローの本当の恋人は、彼らひとりひとりだった。

第三章　マリリンの遺産

ひとりぼっちの闘い

私は二十五歳で結婚し、二十七で長女、二十八で長男、やや間をおいて四十で次女を授かり、夫のことが大好きだったが、四十になる頃までは淋しくて淋しくてたまらなかった。

淋しい時、よくマリリンの写真集を眺めては、このマリリンでさえ淋しかったのだから、私が淋しいくらいは仕方がない、と思っていた。

人生で最初の記憶は何か、という問いかけがある。

私の場合は多分、四歳になったばかりの夜、妹をおぶった母に河川敷に連れて行かれ、川に入って死んでしまえ、と迫られた記憶である。

「あたしが殺してやりたいけど、そうするとあたしが牢屋に入れられるから、あんたがひとりで川に入って死んじまえ。」

自分が手を下すと牢屋に入れられるから、と理由を明確にされたので本気だとわかり、あまりの恐ろしさに体が動かなかった。

同じ頃、父もおかしなことをした。

母のいない昼間、窓を開け放ち、風が吹き抜ける和室で、父が、千切った新聞紙を水で濡らし、それを畳の上に撒いていた。何するの？　と私が聞くと、「お前の体にくっつける。だから服を脱いで裸になれ。」

父の気味の悪い目つきが、奇異な言葉とともに四歳の子どもの体を撫で回した。

父と母は、それぞれ得意な方法でもって私に精神的身体的虐待を繰り返したので、離れと呼んでいた六畳一間の小屋に逃げ込み、私は十歳から十三歳までの三年半、そこでひとりで寝起きした。

食事だけは家族と一緒だが、食事がすむと追い払われ、一家団欒には入れてもらえない。父も母も、私より四つ下の妹を溺愛し、私は食事以外は放って置かれた。

十三歳半の時甲府に転居し、妹と共同の部屋ができたのはうれしかったが、母からの身体的虐待が減った分、父からの精神的虐待がひどくなった。

父は県庁職員で働き者だった。

手先が器用で、何でも自分で作ったり直したりし、カメラが好きで何台も集め、仲間と撮影会に出かけ、コンテストに出品してはたびたび入賞。友人も多く、世間ではいい人で通っていた。

しかし、お酒が入ると人が変わる。

毎晩毎晩、泥酔してくだを巻き、わめき、ののしり、私が泣きながら逃げても追い回して、自分が酔いつぶれるまで執拗な嫌がらせを決してやめなかった。

母は色白で、七十で亡くなるまでおしゃれだった。

日本画を上手に描き、編物と洋裁も得意で、勝気で、見栄っぱりだった。

私をいじめることでストレスを解消していたが、八十四で亡くなった祖母の臨終間際の耳元で「早く死んじまえ、早く死んじまえ。」とささやいたという人である。祖母が涙ながらに看護師に訴えた、と私は最近知った。

自分の幼ない子どもや死にゆく母親など、弱い者をいじめるのがそんなに楽しかったのだろうか。

もしかしたら、父も母も、昔の田舎のどこにでもいる、平凡な人間だったのかもしれない。　子どもは親のものなのだから、煮ても焼いても親の自由であり、何をしたってだれからも文句を言われる筋合いはなく、当の子どもは幼いのだから覚えてはいるまい、と考える、ごく普通の、底意地の悪い人間だっただけなのかもしれない。

ただ、私は、親ほど恐ろしいものはない、と思っていた。今でもそう思う。

それでも、ありがたいことに四十歳で次女を出産し、家族全員で赤ちゃんの世話をしていくうちに私に変化が訪れた。

長女も長男ももちろんかわいかったけれど、十三になった長女と、十一になった長男と共に育てる次女のかわいさは、気が遠くなるほどだった。

私はメロメロになるどころか、実際にとろけてしまった。

そして、不平も不満も恨みもつらみも、劣等感も罪悪感も、薄れていくような気がした。

希望そのもののような赤ちゃんを抱いておっぱいを飲ませ、それを眺める長女と長男の懐かしそうな恥ずかしそうな顔を見ていると、幸せのあまり、体がしびれるようだった。

人を愛する態勢が整ったのだ、と思う。長い間苦しんできたことへの解答として、次女が生まれてきてくれたのかもしれない。

長女が小学五年の時、「お母さんて、孤児だと思ってた。」と言ったことがある。

十歳から三年半も小屋でひとり暮らしをした生育歴は、やはり特殊で、子どもながらに何かを感じたのだろう。

大学三年になった時、妹がピアノを勉強していてお金がかかるので、もう私には仕送りはしない、と母に言われ、その日から経済的にも自立せざるをえなくなった。家庭教師のかけもちとウエイトレスのアルバイトで、生活費と大学院までの学費をまかなうため、休みなく働いた。

母は十五年前、父は九年前に天寿を全うした。

私は、両親に復讐はしなかったが、決して心を許さなかった。四歳から、一度も親に心を許さないのだから、他人に許すはずはない。

虐待された子どもは、本当にだれかを愛せるようになるまで、何枚ものガラスの天井を自力で割り続ける。困難で、危険を伴う仕事だが、あきらめずに割り続ければ、いつか青空が顔をのぞかせる。それは、脱獄に成功したのと同じくらいの勝利だと思う。

子どもの頃に、つらく悲しい思いばかりしたから覚悟が決まる、ということもある。だれも助けてくれないと思い知るから、自分の力を振り絞る方法を見つけ出す。そして、おそらく、悲しみからしか生まれない才能もあるのだ。

いじけるかわりに学び、怒りをぶつけるかわりに色気をふりまいて、悪びれず、自分の道を自分で切り開いていったマリリンの生き方は、水際立って、美しい。すべて真似るのも問題だけれど、虐待された女の子が成長するためのお手本になる。人のせいにするより、自分を育てる方が素敵だと、マリリンは教えてくれる。

『お熱いのがお好き』

ひとりのファンとして、私は四十年以上にわたってマリリン・モンローの人となりを追い求めてきたけれど、そもそも彼女は映画女優である。その仕事ぶりをおさらいしよう。

十八本の映画に端役として出演したあと、一九五三年、二十七歳の時、ヘンリー・ハサウェイ監督の『ナイアガラ』で主役に抜擢され、夫殺しを企む悪女ローズを熱演。モンローウォークで世間の度肝を抜いた。

これを皮切りに、十年の間に、十二本の作品で主役を張る。

一九五三年　『ナイアガラ』
『紳士は金髪がお好き』

一九五四年　『百万長者と結婚する方法』
一九五四年　『帰らざる河』
　　　　　　『ショウほど素敵な商売はない』
一九五五年　『七年目の浮気』
一九五六年　『バス停留所』
一九五七年　『王子と踊り子』
一九五九年　『お熱いのがお好き』
一九六〇年　『恋をしましょう』
一九六一年　『荒馬と女』
一九六二年　『女房は生きていた』（マリリンの死により未完成）

この中で、最大のヒットとなったのが、ビリー・ワイルダー監督の『お熱いのがお好き』。同じく、ビリー・ワイルダー監督の『七年目の浮気』から四年後に、マリリンの人気を当てこんで制作されたコメディで、目論見《もくろみ》は見事的中。マリリンはその年のゴールデン・グローブ賞最優秀女優賞を受賞した。

『七年目の浮気』の、スカートがまくれ上がるシーンや、「冷蔵庫で下着を冷やしてあるの」などというセリフで、かわいくておかしな女の子、というイメージが定着したマリリンから、少し趣向を変えてゆるい女っぽさを引き出したのが『お熱いのがお好き』。

ウィーン出身のビリー・ワイルダーは、少年時代チャップリンのファンだったそうだが、その影響か、テンポが良く、映画という表現形式に特有のセンスが光り、小道具の使い方にいたっては、天才的。

たとえば、マリリン扮するシュガー・ケインは、酒好きで、スカートの下のガーターベルトに、ウイスキーの携帯用ボトルをはさんで隠している。

また、石油王になりすましたジョー（トニー・カーティス）が、砂浜で遊んでいる子どもたちから貝殻をとりあげ、身分を打ち明けるかのようにそれをかざして見せると、シュガーが目を丸くして「シェル・オイル!!」と叫ぶ。

さらに笑えるのは、ギャングのパーティに登場した巨大なバースデイ・ケーキの中に暗殺者が隠れていたり、ジェリー（ジャック・レモン）がお化粧を直そうとコンパクトを開いて覗き込むと、その鏡に映ったのは自分を捜す追手のギャングだった、などなど。

話の始まりは禁酒法時代のシカゴ。

ジャズメンのジェリーとジョーは、たまたま殺人現場に居合わせてしまったが、それがギャングの抗争だったため、一味から狙われる。そこで、女装して、女だけのバンドにもぐり込み、マイアミへの公演旅行に参加する。

バンドの女の子たちはみんなかわいいが、ひときわグラマーなシュガーにジョーは一目惚れ。一方、ジェリーはなぜか、マイアミに着いた途端に大富豪に見染められて珍騒動を繰りひろげ、やがて例のギャングが同じホテルにやってきたため、追いかけごっこと銃撃戦が始まり、そこに恋のさやあてが絡まる。

ウクレレを弾く歌手を演じるため特訓を受けたマリリンは、踊りと低音部の美しい歌をマスター。「アイ・ウォナ・ビー・ラヴド・バイ・ユー」や「ボ・ボ・ボ・ビドウ」は今でも時々耳にする、マリリンの代表曲になった。

クライマックスは、若い頃の事故で、女に対して何も感じなくなってしまった、だから安心してそばにいてほしい、と訴えるジョーの心の傷を、シュガーが女の手管を駆使していやす場面。

夜の海に浮かぶ豪華なヨットの客室で、ふたりきりでくつろぎながら、甘く、やさしく、静かに、かきくどき、ときほぐし、たっぷりと時間をかけてとろかしていく。

ビリー・ワイルダーとマリリン・モンロー、この最強の組み合わせが創り上げた、甘すぎる愛の女。

こんな女は現実にはいない。だからシュガーという名前がついている。

『七年目の浮気』もそうだったが、本作もモノクロの作品で、モノクロだからこそ、観客の想像力をかきたて、妄想をふくらませられるように仕立てられている。

白黒なんかじゃ嫌よ、とマリリンは不満をもらしたそうだが、こんなドタバタ劇をカラーで撮ったら、濃すぎてうるさい作品になっただろう。

最後の場面では、マリリンとジョー、ジェリーと大富豪の四人がボートに乗って海に出るが、夜の海を吹きわたる潮風のにおいがスクリーンから漂い出てくるようで、モノクロの効果に感じ入る。

そのボートの上で、大富豪にプロポーズされて困り果てたジョーが、あなたとは結婚できないのです、と告白する。煙草も吸うし子も生めないからと断るのだが、大富豪は、何でも許すし養子を取ろう、と答える。とうとうジョーが「おれは男だ」とカツラを放り投げると、大富豪は涼しい顔で、「ノー・バディ・イズ・パーフェクト」、完全な人間はいない、と言ってのける。

映画館は爆笑の渦となってエンドマーク。最初から最後まで一分のスキもなくおもしろくておかしくて楽しい作品で、何度見ても飽きないのは、さすがにビリー・ワイルダー。

彼は、「マリリンは喜劇女優として天才的な才能に恵まれていた。滑稽な台詞をしゃべるための特別な感覚があったのである。すごい才能だった。彼女亡きあと、あれほどの才能には出会ったことがない。」（ヘルムート・カラゼグ『ビリー・ワイルダー自作自伝』瀬上裕司訳、文藝春秋、一九九六年）と最大級の賛辞を贈った。

衣装の素晴らしさも特筆すべきで、上等の生地で仕立てられたフリルやレースが、ごつい男二人を女らしく見せたのはデザイナーの才能だろう。

そのデザイナー、オリー・ケリーが、仮縫いの時、マリリンの体を採寸しながら、「トニーの方がお尻の形がいいな。」とふざけると、マリリンは、ブラウスのボタンをひとつひとつゆっくりはずしてブラジャーをつけていない胸をはだけ、「でも、オッパイはないでしょ?」とにっこり。

「マリリンは天衣無縫の人だった」と、撮影から四十年たって「生きた伝説」と紹介されたトニー・カーティスがインタビューで語っていた。「生きた伝説」が、マリリンのエピソードを話す時になるとほほを染めるのが印象的だった。

『バス停留所』

一九五四年、『七年目の浮気』が大ヒットしたものの、同じような役ばかり当てがわれるのが嫌になったマリリンは、ハリウッドを去ってニューヨークへ行き、カメラマンのミルトン・グリーンと「マリリン・モンロー・プロダクション」を設立。アクターズ・スタジオにも通い始め、改めて演技を学ぶ。

長年対立していた二十世紀フォックスの幹部も、マリリンの姿勢に圧倒されて態度を改め、一九五五年の十二月、マリリンにとって有利な内容の契約が新たに結び直された。

それまであまりにも安かった出演料も大幅に改善され、尊敬できる監督を指名する権限も勝ち取った。

つまり、マリリンは、ハリウッドのお人形から、自分らしく仕事のできる女優へと成長を遂げたのだ。

新生成ったマリリン・モンローの、一作目として制作されたのが、一九五六年の『バス停留所』である。

ウィリアム・インジの戯曲をジョージ・アクセルロッドが脚本に起こし、ブロードウェイで演出家として成功を収めたジョシュア・ローガンが監督。

当時のハリウッドでは、マリリンは演技ができるとも、女優だとも、みなされてはいなかったが、アクターーズ・スタジオのリー・ストラスバーグがジョシュア・ローガンに、マリリンは素晴らしい女優だと太鼓判を押したので、ローガンはマリリンに期待を寄せる。

マリリンは、リー・ストラスバーグの妻で演技コーチのポーラ・ストラスバーグと、徹底的に台本を研究。ヒロインのテキサス・オクラホマ風の鼻声をマスターし、場末の歌姫らしい、わびしい雰囲気をだそうとわざと音程を外して歌い、デザイナーが整えた衣装は豪華すぎると判断、自ら衣装部のワードローブを物色して、虫食いの穴のあいた衣装を探し出し、網タイツを破って穴をあけた。

ストーリーはおとぎ話のように簡単。

モンタナのカウボーイ、ボー（ドン・マレー）は、ロデオの大会に出場するため、友人と共にフェニックス行の長距離バスに乗る。

到着した夜、安酒場で酔客にからかわれながら歌を歌うシェリー（マリリン・モンロー）に一目惚れ。翌日のロデオの試合中、結婚式を挙行すると言い出して大騒ぎになり、シェリーは荷物をまとめて逃げようとするが、ボーの投げ縄に捕えられ、バスに乗せられてしまう。

折しも吹雪になり、道路は閉鎖され、乗客は停留所前のレストランで一夜を明かす。ボーは、バスの運転手と雪の中でけんかをして負かされ、自分の非を認め、シェリーに無理強いをしたことを心からあやまる。

ボーに優しくされると、シェリーも優しくなり、自分は立派な女ではない、あなたにふさわしくない、と言い出す。すると、今のおまえが好きだから、過去なんて関係ない、と言われ、シェリーは大感激、結婚することになり、祝福されつつ再びバスに乗る。

独立後の第一作目にふさわしい、マリリンによるマリリンのための映画で、彼女の美点をこれでもか、とばかりに見せつける。

撮影当時二十九歳、おそらく顔のクローズアップの最も多い作品で、絶頂期の彼女が画面いっぱいに写し出され、美しさを目の当たりにできる。

シミもシワもない透き通るような肌、ウエストは細く、申し分のないゴールデン・プロポーション。

それにしても、目を閉じた顔がこれほど雄弁な女優も珍しい。普通は目を見開いて、その目力にモノを言わせて、強引に美女と言わしめる。

しかし、マリリンが目を閉じれば、まぶたに純情、目尻に色気がにじみ、唇を半開きにすれば誘惑の吐息が漏れ、笑えばすこやかな心の証のように白い歯がこぼれる。

この、たおやかで、しとやかな、洗練された魅力こそ、マリリンの汗と涙の結晶だった。

また、マリリンにしか演じられない見せ場のひとつが、ボーの肩に担がれたまま運ばれていくところ。

肩に乗せられてむこう向きに二つ折りにされている状態なので、お尻と二本の脚とかかとしか見えない。

だが、ここがマリリンの真骨頂。

大きな丸いお尻、バックシーム入りの網タイツによって強調される脚線美、くるぶしの外側に影を走らせる細い足首、ハイヒールのなまめかしい緊張感——ここに女の魅力が凝縮されている。

もうひとつはシェリーがボーの愛をうけいれると決心する場面。

それまでの役では、出そうにも出しようがなかった、女心が揺れ動いてついに愛に傾くまでの一部始終を、いじらしく、みずみずしく、きめ細やかに演じ切った。

作品の完成度は高く、それまでマリリンをばかにしていた批評家も彼女の演技を絶賛、はじめて「演技派」の称号を獲得した。

ジョシュア・ローガン監督はこう言った。

「ガルボやチャップリンに並ぶ天才であり奇跡だ。」

マリリンの映画を見たことがない、という人には、私は『バス停留所』をお勧めしたい。

女の形の定番を作る

マリリンの業績のひとつに、「型」をこしらえた、ということが挙げられる。「女の形」の定番を作った、と言ってもいい。

女って何？　と問われた時、答える代わりに一枚のカードを差し出すとすれば、そこに写っている女は、ブロンドに赤い唇、白いワンピース、白いサンダルで、もちろん笑顔。

ちょっと小首をかしげたり、唇をすぼめたり、手を振ったり、スカートを押さえたり、といった何気ない仕草のひとつひとつが、露出と隠蔽のボーダーラインの上にある。

女らしさという訳のわからない概念を、マリリンは、わかりやすい形にして見せるのに成功した。

その形を、後に続く多くの歌手や女優、一般の女性たちもこぞって真似をしたけれど、本家本元を超えることはできそうにない。

ただ、その形をなぞりさえすれば、ある程度、女らしく見せることは可能なので、その形は定番となり、定着した。

形に魂を吹き込むことは、残念ながら、見た目を真似しただけでは不可能で、その人の性格がものを言う。

たとえば、その人が入ってきた途端に、部屋全体が、ぱっと華やぐような明るさ。

その女性と会えると思うだけでうれしくて、会えば決まって話が弾み、弾む幸せが浮世の憂さを忘れさせるほどの男たらし上手。

しかも駆け引き抜きで、何もかも承知の上で、酸いも甘いも嚙み分けて、尚、ただ相手の幸せを願うことができるかどうか。

赤い唇

マリリンの人生に大きな影響を与えたキーパーソンのひとりに、グレース・マッキーという女性がいる。

マリリンの母親グラディスは、映画のフィルムを裁断するカッターの仕事をしていたが、グレース・マッキー――は、グラディスの上司でそこの主任であり、やがて共同でアパートを借りるほど仲良くなった。

ふたりとも出好きの享楽主義者で、グラディスが父親がだれだかわからない女の子を出産した時、グレースは親身になって面倒をみる。

グラディスは、出産後、精神病のためやむなく赤ちゃんを里子に出したが、決して無責任な母親ではなく、何とか子どもと一緒に暮らしたいと、退院後必死で働いた。

そして、小さな家を購入する計画を立てるが、病状が悪化、再入院ということになる。

この時、七歳になっていたマリリンの、法的な保護者になったのがグレースだった。

グレース・マッキーは、映画ファンで、とりわけ一九三〇年代に活躍したプラチナ・ブロンドの大スター、ジーン・ハーローの熱狂的なファンだった。

自分が育てることになった七歳の女の子の中に、小さなジーン・ハーローを見たグレースは、服を買い与え、髪を結い、化粧を施して、いつかきっとジーン・ハーローみたいなスターになるのよ、と言い聞かせる。

なぜ、他人の子どもに、そこまで入れ込んだのかはわからない。

グレースは生涯に何度も結婚したが、出産の経験はなく、自分の子どもはいなかった。

夫の連れ子は何人かいたが、そのうちのひとりが、グレースはお化粧が上手で、プロのメイクアップアーティスト並みの技術を持っていた、と語っている。

十三歳の頃には、マリリンはグレースの叔母のアナ・ロウアーに引き取られていたが、それまでのやせっぽちから一転、女っぽい体つきになり、男子の注目を集め始めていた。

注目されれば美しくなろうとするのが女なので、彼女はおしゃれに身をやつし、赤い口紅をつけて通学するようになる。

十三歳の女の子の唇が真っ赤だなんて、ひどく場違いな感じだったと思われるが、ある種の男たちの目には、女の子が女になった印、と映ったことだろう。

どんな時でも「いい女」を見逃さない男たち。よその奥さんだろうが未成年だろうが、「いい女」に目がなくて、発見するや口説き始める男たち。

世界中どこにでもいる女好き——彼らの視線が、少女をいい女へと作り変えていく。そういう男どもが、幼いマリリン・モンローを見逃すはずがない。無垢な笑顔と挑発的な肢体は、女好きにはこたえられない組み合わせで、磨けばいずれ極上の色気を醸し出すことを予見する。

マリリンの唇は、本当は薄かったとも言われている。五本の口紅を使い分けて、自分で完璧なカーブとシェイドをつけたのだとか。

素顔と化粧した顔のギャップは、よく物笑いの種にされるが、服を着るのも髪を切るのも化粧の一部。持って生まれた土台を、美意識でアレンジして作り出すのが女の実力ではないか。

また、真紅の唇は、女の形の象徴でもある。

自信ならあるわよ、という名刺代わり。恋に生きる女の目印。ねらいはここよ、という挑戦状。標的の洗い出し。準備は整っているわ、という合図。どうぞ口説いてちょうだい、との覚悟の表明。女のプライドそのもの。

どんなに流行が移り変わろうと、真紅の口紅が使われなくなることはないだろう。口紅の色は何十色もあるが、真紅を抜きにして口紅の色見本は完成しない。

フランスのオートクチュールのメゾンが作る口紅の中で、一番、という番号が振り当てられているのは真紅である。まっかっかこそ、口紅の頂点に立つ色であり、真打である。

長い間、ベージュ系の口紅が流行し、晩秋か冬でなければ、赤い唇の女を見かけなくなった。それでも、ここぞ、という時は、真紅に限る、と決めている女がいる。係累もなく、後ろ楯もない、資金もないし自信もない。あるのは、この身、ひとつだけ。

何が起きても引き受ける覚悟があるから、瀬戸際ばかりを歩いてきたから、いつでも背伸びしてつま先立ちで、気合いを入れて、勝負をかけ、しかも連戦連勝、今回も決して引き下がるわけにはいかない……。

こういう女がこの世からいなくなることはない。

彼女たちは全員、マリリン・モンローの末裔である。

ブロンド

世界一の美女、と謳われた一九四三年生まれのフランスが誇る大女優、カトリーヌ・ドヌーヴは、今も現役で最高の美女だが、彼女のブロンドも染めたものだそうだ。

「栗色の髪を肩のあたりで短めに切った娘は、カトリーヌ・ドヌーヴといった。男たちはもっぱら、その名も高く魅力的なフランソワーズを眺めていたが、私の目を惹きつけたのは妹のカトリーヌのほうだった。」

「ブロンドの頭で頼りなげな感じの、カシミアのプルオーヴァに身を包んだカトリーヌは考え込んでいる様子だった。風がブロンドの髪を撫でて、カトリーヌは美しく、

謎めいてみえた。」(ロジェ・ヴァディム『我が妻バルドー、ドヌーヴ、J・フォンダ』吉田暁子訳、中央公論社、一九八七年)

ブロンドでないカトリーヌ・ドヌーヴは、カトリーヌ・ドヌーヴではない。

ブロンドとは、髪の色を指すのではない。髪だけがゴールドであとはカサカサゴワゴワなどということは許されないのだから、頭のてっぺんがゴールドなら、足の先までゴールドでなければならず、体中どこもかしこも手入れが行き届いて輝いていなければ。

女っぷりの良さはだれの目にも明らか。魔性の女であることは、一目瞭然。

レイモンド・チャンドラーの小説のヒロインに、「体つきは申し分のない曲線で、その髪の色は古い油絵の額縁の色」と描写された女性がいる。

濃い金色の髪が目に浮かぶ。ここを読んだだけで、彼女が、いわくつきの男を狂わせる宿命の女「ファム・ファタル」とわかるではないか。

ブロンドはマリリン・モンローのトレードマークだったから、しょっ中美容院に行き、専属のヘア・ドレッサーに染めてもらっていた。

生まれつきブロンドの女性が、さらに美しくなるために、いちだんと明るく輝くブロンドに染めることもあるのだとか。

ブルー・アイとブロンドは、いつの世も美女のステイタス・シンボルであり、生活感の乏しい、物語の世界の住人のような浮世離れした透明感と空気感を漂わせて、恋愛体質であることの栄光を見せつける。

白のドレス

女優は服を着るのも仕事のうちだから、デザイナーに注文してドレスやスーツを作らせ、寒い季節にはミンクのコートで身を包む。

マリリンにも、ウイリアム・タラヴィラやジーン・ルイスなどのお気に入りのデザイナーがいて、公の場で着る服は彼らに任せていた。

既製服のブランドでは、エミリオ・プッチが好みに合っていたらしく、既成のワンピースやブラウスやカフタンを買って着ていた。

エミリオ・プッチは、イタリアのリゾート地で誕生したブランドなので、肩の凝らない開放的な雰囲気の服が得意で、その発色の良さと幾何学模様の美しさは比類がない。

マリリンは、窮屈なものが嫌いだったから、私生活ではプッチの服をさらっと着て、リラックスしていたと思われる。

今でも、ボートネックで七分袖、ウエストを細いベルトでブラウジングさせたワンピースは、マリリン・ドレスと呼ばれている。

駆け出しの頃は、ジーンズも好きで、彼女らしい方法で加工してから履いていた。

購入するとすぐ、下着をつけずに直接履いて海で泳ぐ。それからそのまま砂の上にうつぶせになって眠る。目が醒める頃には、デニムの生地がお尻にぴたっとくっついた状態で乾いているので、お尻の丸みがつぶれず、かえってはちきれんばかりに強調される。

かくして、ドレスを着た時よりもセクシーなお尻の完成。

マリリンにとって、洋服とは、それを脱いだ状態を連想させるための、ベールのようなものだった。

「マリリン・モンローがアーサー・ミラーと一緒に来ていた。私は、あれほど美しい顔を見たことがない。青い瞳が、抜けるように白い肌をいっそう引き立てていた。人生に新鮮な驚きを感じているかのような微笑みを浮かべた、少女のような顔。想像を絶するほどの挑発的な肢体には不釣り合いな顔だった。私は長い間、どうして彼女が、大きな黒いスパンコールのたくさんついた、体の線が浮き出るようなドレスを身に着けたりしたのだろうと思っていた。そのドレスは彼女の体を覆っているというよりは、あらわにしていたからだ。」(『フランソワーズ・アルヌール自伝　映画が神話だった時代』石木まゆみ訳、カタログハウス、二〇〇〇年)

『ヘッド・ライト』などで有名なフランソワーズ・アルヌールは、パリのエレガンスを体現したように趣味の良い人なので、彼女の目から見ればマリリンは露出狂だったかもしれない。

豊満な肉体を、ボンキュボン、とできるだけコンパクトにまとめることによって、想像力を刺激する仕組みだから、デザイナーがその才能を発揮する余地はあまりなかっただろう。

趣味が良いとは言えなかったかもしれないが、マリリンのサービス精神の賜物だった。

家族のいない兵士や、一日中働き詰めに働いている中年の男性や、生きることに疲れ果てた老人のために、女、ここにあり、と知らしめて、彼らの目を楽しませるための「型」なのだから。

人目を気にしなくても構わない所では、これもまたマリリンらしい、簡単な服ばかり着ている。とはいえ、写真に撮られることを想定していた訳だから、その簡単な服こそが、マリリンの素顔だった、と見てよいだろう。

袖なしの、何の飾りもないストンとしたワンピース。ショートパンツとタンクトップ。ギンガム・チェックのシャツ。

それは、まるで小学生の女の子が夏休みの間、家で着ている服みたいだ。

木綿で、洗濯のきく安価なもの。ハンガーにかけたりアイロンをかけたりする手間の要らない、大量生産された服。洗濯機で毎日でも洗えて惜し気なく着られる服。洗ってすぐロープに二つ折りにして干せば、お日さまが透けて見えるような服である。

ところで、マリリンのスナップ写真を年代順に眺めて気がついたことがある。

ある時を境に、白い色への傾倒が始まったことだ。

それまでも、白いドレスや白い水着を着たことはあったが、一九五四年の、ジョー・ディマジオとの気まずい新婚旅行のあとは、ことさら白を多用するようになる。

まず、髪の色を染め直し、それまで黄色っぽいハニー・ブロンドだったのを、白っぽいプラチナ・ブロンドに変え、ドレスは純白のサテン、ハイヒールも真っ白、ブレスレットも真っ白。セーターとスカート、というシンプルな装いの時でも、上下ともに真っ白、といった具合で、全身白ずくめなのだ。

白は妥協を許さない。白を白く保つには、手間も気合いも必要。

テレビの洗剤のCMを見ていると、洗濯とは祈りではないかと思えてくる。

シミひとつ残すまい。さっぱりと、まぶしいほど白く。明るく、清潔に、当初の白よりずっと白く……。

そうやって無我夢中で洗って干して乾いたのを取り込んで、小さな汚れが残っているのを発見した瞬間、目の前が暗くなるほど落胆してしまう。が、すぐ気を取り直し、別の洗剤をこすりつけて、つまみ洗い。汚れが消えた時の喜びは大きい。

さらに、洗濯には、繰り返しの妙がある。

何度でもやり直しがきく、という再出発の提案。どんなに汚れても、元に戻せるという安心。

人はだれでも、おとなになれば、見たいものも見るし、したくないこともする。でも、毎日洗えば、毎日振り出しに戻れるはずだ。

垢をこすり、泥を落とし、食べこぼしの跡も、ワインの染みも、雲散霧消、まるではじめから何もなかったみたいに。

白は、洗い上がった自分の心。

白を着ることは、自分をリセットすること。

心を鎮めて落ち着いて、素直な自分を洗い出すこと。無垢な魂を呼び戻すこと。子どもの頃を思い起こして小さな女の子になりすますこと。悔い改めること。

古来、白は禊《みそぎ》の色であった。

マリリンの人生は、忘れてしまいたいことが、あまりにも多かった。赤い口紅と染めたブロンドで、自分のスタイルを確立しながら、一方では白紙撤回を夢みていたのかもしれない。

生まれ持っていたはずの、うぶな心と潔癖さを、白い服に代弁させて、前へ進もうとしたのだろう。

主婦が、白のより白い再生を願って日々洗濯を繰り返すように、マリリンは、自分自身を洗い続けていた。

第四章　女、そしてアーティスト

エラ・フィッツジェラルド

夏になると、ジョージ・ガーシュウィンの『サマータイム』が聞きたくなるという人は多いだろう。

多くの歌手がカヴァーしている名曲だが、綿花摘みのつらい労働に従事している黒人一家の子守歌なので、エラ・フィッツジェラルドのソウルフルな声が、一番心にしみるような気がする。

マリリンは、エラ・フィッツジェラルドと縁があった。

一九五四年といえば、ジョー・ディマジオと結婚し、新婚旅行で来日、『七年目の浮気』でスターの地位を不動のものにした年だったが、実は、マリリンの健康状態はあまり良好とは言えなかった。

常日頃から重い生理痛に悩まされていただけでなく、慢性の子宮内膜症にかかっていたので、どこかできちんと治療を受けるよう勧められていた。

そこで十一月七日にシーダーズ・オブ・レバノン病院に入院。五日後の十二日、退院の許可がおりたが、退院してもしばらくは休養するように、という主治医の言いつけをマリリンは守らなかった。

しかし、ただ遊び歩いていたのではない。

一九五〇年代のショービジネスの世界では、有名なナイト・クラブに出演できるのは白人に限られていた。どんなに素晴らしいアーティストでも、肌が黒いというだけの理由で、出演させてはもらえなかった。

マリリンはハリウッドのナイト・クラブ「モカンボ」のオーナーに電話をかける。

「彼女はすぐにも、私の出演契約をさせたくて、彼が契約してくれたら、私が出演する日は毎晩、最前列のテーブルを予約すると言ってくれました。マリリンはあれだけのスーパースターですから、そうしたらマスコミだって狂喜するだろうって。オーナーが承諾すると、マリリンは毎晩、見にきてくれました。いちばん前のテーブルでね。」とエラ・フィッツジェラルドは回想している（ドナルド・スポト『マリリン・モンロー最後の真実　PART 2』小沢瑞穂・真崎義博共訳、光文社、一九九三年）。

マリリンは正義感の強い人間で、常に弱者の味方だった。

自分に何の利益をもたらさなくても、それどころか、不利な立場に追い込まれることが予想されるような場合でも、お人好しと呼ばれても、態度を変えなかった。その相手から感謝されなかったとしても、弱者に優しくする、というスタンスを変えることはなかっただろう。そういう生き方だったし、そういう性分だった。

せちがらい世の中になり、ケチな人ばかりが横行し、気持ちを寄せればその分自分の心が減るから、人に親切にするだけ損、と言いたげな顔が増えたけれど、本当にいいことはタダだと私は思う。

風に吹かれたり、波の音を聞いたり、海に潜ったり、子どもたちと昔話をしたり、古い友だちに会ったり、落ち葉を踏んだり、花を植えたり、犬と遊んだり、好きな人の腕に抱かれたりするのは全部タダ。

そうして、人に喜んでもらうほどいいことはなく、タダなのに価千金ではないか。

マリリンは、病後の身でありながら、エラのためにひと肌脱いで、エラと自分の価値を十分承知の上で、ショービジネス界にねじこみ、優雅なやり方で偉大な歌手を世に認めさせたのだった。

マリリンもなかなかの歌い手ではあったが、声量はなく、エラ・フィッツジェラルドの歌はあこがれだったに違いない。

我々が今、エラの『サマータイム』に酔いしれることができるのは、案外、マリリンのおかげかもしれない。

素晴らしい女優

「お金や名声はどうでもいいの。ただ、素晴らしい女優になりたいの。」

これがマリリンの口癖だった。

それが本心であることは、『七年目の浮気』が大成功をおさめたあとの、彼女の行動を見ればわかる。

ビリー・ワイルダー監督の『七年目の浮気』は確かにヒットした。しかし、この作品でマリリンが演じた女の子には名前がない。

かわいい女、セクシーなブロンド、男にとって都合のいい女、夢のような甘い女の子、の象徴だから、つまり男にとっての「女」のイメージそのものなのだから、名前なんかいらなかったのだ。

マリリンは、しかし、本当は、筋金入りだった。

翌年の一九五五年、新年が明けると同時に行動を開始する。

一月、マリリン・モンロープロダクションを設立。

共同経営者のミルトン・グリーンは有名なファッション・カメラマンで、妻のエイミーは、リチャード・アヴェドンのモデルをつとめたこともあるハイセンスな美人だったので、グリーン夫妻の後ろ盾を得て、マリリンは磨かれていった。

ミルトン・グリーンが撮影したマリリンのポートレートには、他の写真家のだれも引き出せなかった、耽美的で、きわめて官能的な魅力がある。

二月、単身ニューヨークへ行き、アクターズ・スタジオへの入学を願い出る。

アクターズ・スタジオは、アメリカきっての俳優養成所で、昔も今も、演技法のメッカであり、近年ではその公開授業『アクターズ・スタジオ・インタビュー』が日本でも放送された。ジェームス・リプトンの名司会で、名だたる俳優たちの率直な声を聞くことができたので、たいそうおもしろく、私は再放送も、再再放送も全部見て録画もした。

そのアクターズ・スタジオの創始者、リー・ストラスバーグは、マリリンから面会を求められて初めて会った時、演技を学びたい、本物の女優になりたい、と必死で訴えているのが、他ならぬ、まさに今をときめくスーパースターその人だったから、ひどく面くらった。

リーの娘スーザンに、マリリンは次のように話している。

「わたしはこれまで何年間もカリフォルニアにいる女性といっしょに映画の仕事をやってきたわ。彼女はいろいろなことを教えてくれたし、教育してくれた。あなたのお父さんのようにね。本も読みなさいと言ってくれたわ。でも、わたしのことはうすのろだと思っていた。あなたのお父さんは違う。

あなたのお父さんといると、初めて、わたしはわたしでいていいんだと思えるの。すごくめちゃめちゃなわたし自身のままでね。以前はそんなこと考えることさえ絶対になかった――生き残るのに必死なときは、考える時間なんてないでしょ？　でも、いま、わたしはアーティストになりたいと思うの、アーティストなんて、大それた言葉だけど。つまり、本物の女優になりたいのよ。」（スーザン・ストラスバーグ『マリリン・モンローとともに』山田宏一訳、草思社、二〇一一年）

マリリンにとって、自由とは、自分を作ることだった。

未来を見据えて新境地を切り開くため、最高の指導者を探し当てて、打開策を片っ端から試していく。

ニューヨークではアパートを借りて、学生のような生活を始めた。

スッピンにジーンズとセーターで、ニューヨーカーになりすまして下町を闊歩し、ひとりで何時間も本屋を回っては、本を買い漁った。

背表紙の説明や題名を見て、手に取ってパラパラとめくって拾い読みし、気に入った文章があればそれを購入し、時間をかけて読み込んでいった。蔵書はどんどん増えて亡くなった時、本棚には約四百冊の本が並んでいた。

マリリンが本を持ち歩いている姿を見て、本なんか読んだって、わかるはずはない、カッコつけてるだけさ、と冷笑する人も少なくなかったらしい。

だが、心ひかれる文章を自力で発見し、その著者と心を通わせ、そういう本を一冊また一冊と増やし、そうやって世界を読み解いていく喜びこそ、知の喜びではないか。

これ以上の本の読み方があるとは、私には思えない。


また、マリリンはニューヨークで、詩人のノーマ・ロステンと知り合いになったが、これは天の配剤だった。

カメラマンのサム・ショーは、マリリンが無名だった頃からの友人で、そのサムが、マリリンとノーマン・ロステンを引き合わせてくれたのだが、そのきっかけは雨だった。

サムとマリリンがブルックリンを歩いていた時、にわか雨に打たれて濡れてしまった。サムは、ふと、近所に旧友が住んでいることを思い出し、雨やどりさせてもらおうと、連絡もせず、ノーマン・ロステンのアパートを訪ねた。幸い、彼は部屋にいて、ふたりをゆっくり雨やどりさせてくれただけでなく、熱いお茶をいれ、よもやま山に花を咲かせ、三人共すっかり仲良くなり、後には、彼の妻や小さな娘もその仲間入りをする。

もともと詩が好きだったマリリンは、ノーマン・ロステンに励まされて詩作を始める。自分が書いた詩を見せたり、長い手紙を書き送ったりした。

またノーマン・ロステンと一緒に美術館や劇場に通い、砂に水がしみ込むように、芸術を学んで自分のものにしていった。

マリリンは学歴がないことを恥じていたそうだが、学校になんか通わなくたって、感受性と向学心さえあれば、何だって、いくらだって学べる。

逆に、マリリンの魅力は、学校に通わなかったおかげだと言ってもいい。

はちゃめちゃで、やぶれかぶれな性格は、学校に通って他の子どもたちと競ったり、規則を押しつける教師に叱られてばかりいたら、萎縮してしまっただろう。学校は軍隊と同じで、個性を押さえつけて型にはめるのを好む傾向があるから、感じやすい子どもには息苦しい場所だ。

マリリンの場合、親の不在も幸いした。

いい学校に行っていい会社に入れ、という父親もいないし、いい学校に行っていい人と結婚しなさい、と言う母親もいなかった。

平穏無事な人生を志向していたら、あれほど甘い女にはなれなかっただろう。軌道に乗せられず、枠にはめられずに済んだからこそ、担保をとろうとも、保険をかけようとも考えなかった。

だから、ケチなところが微塵も感じられない、軽やかで明るい性質のまま、のびのびとマリリン・モンローという女優を創作することができた。

マリリンは、長い間念願だった、アーティストらしい生活をニューヨークへ行って初めて経験した訳だが、どんなにうれしかったことか。

サム・ショーの写真と、ノーマン・ロステンの文章で構成された『マリリンと友だち』（文藝春秋、一九八九年）という写真集がある。他の多くの写真集とは趣が異なり、写真家と詩人の友情に満ち満ちている。

子どもがほしい

女の一生には、子どもを持つか持たないか、という大問題があって、どちらを選択したとしても問題は残る。

私は自分が子どもの頃から子どもが好きで、好きで好きでたまらなくて、それは今もそうなので、三人しか育てられなかったのが残念でならない。

生まれ変わったら、また女に生まれて、是非五人くらいほしいと思っている。

一家団欒というものを知らなかったから、結婚した時、何としてもあたたかい家庭がほしくて、とにかく私にとっての幸せは、おいしい夕食の連続だと考え、料理上手になるという目標を掲げた。いつも家にいたかったので、家の中でできる仕事しかしなかったが、後悔はない。

マリリンも子どもが好きだった。

ノーマン・ロステンの娘とも、ジョー・ディマジオの先妻の息子とも、また他の友人や知人やスタッフの子どもたちともすぐ親しくなり、お誕生日やクリスマスにはプレゼントを贈るのを忘れなかった。

自分の子どもがほしくて、不妊治療を続けたが、出産には至らなかった。

一度だけ、写真週刊誌で、妊娠七カ月目のお腹の大きなマリリンを見たことがある。つばの広い麦わら帽子をかぶり、マタニティドレスを着てお腹を突き出し、ふやけたような顔でいとも幸せそうに笑っていた。

あ、お母さんの顔だ、と思った。

すでに、表情が母親のものだった。

女でもなく女優でもない、人相そのものがやわらかい、お母さん顔。

妊娠も七カ月目になれば、赤ちゃんがお腹の中でグルグル回ったりキックしたりするので、愉快で、母親になる喜びが不安を上回るようになる。

また同時に、連綿と続く人類の歴史に、いよいよ自分も参入し、人の子の親になることの重大さに身が引き締まる。

マリリンも、これからしっかりしなくちゃ、早く赤ちゃんに会いたいわ、かわいがりたいわ、とでも言いたげな顔だった。

母親役のマリリン・モンローなんか、見たくもない、と言う男性もいるかもしれない。

だが、どんな美女でも、母親になる時にはなる。

それが女の一生のハイライトなのに、その部分には目をつむって、男たちはまた数年後、美女に戻った女とつきあいたがり、子どもの話題は注意深く避ける。

女は女で、母乳を与えたためにいっそう豊かになった胸をブラで固定して谷間を作り、また男をだまそうと外へ出て行く。

かくして男と女の利害は一致。

でも、女は、一歩家に入れば母親の顔に戻り、ブラを外して子どもを胸に抱き、お化粧を落としてほおずりをして、日なたのにおいのする子どもと添い寝するのだから、二重三重の楽しみがある。

男がそのカラクリに感じ入って協力してくれれば、夫婦仲は深くなり、ものほしげな顔で体面を取り繕う必要はなくなって、家庭に平和と楽しみがもたらされる。そして、どこにも行かなくても、何も買わなくても、ただ家族揃ってごはんを食べるだけで幸せという日々が続き、子どもたちは安心してのびのびと育っていく。

母であることと女であることは対立しない。

ひとりの女の、成熟した優しさが、子どもに向かうか男に向かうか、だけの差だと思う。

マリリンは、子どもがいてもマリリンなのだから、その子が無事に生まれていればきっと、甘い甘い母親になっただろう。

田口理論

第一章で触れた、私の大学時代の恩師、田口恒夫先生は、二〇〇四年に八十歳で亡くなったが、先生の「田口理論」は、これからの世の中にこそ理解されるべき真実だと思われる。

「田口理論」とは何か。

先生の最後の著書『今、赤ちゃんが危ない　母子密着育児の崩壊』（近代文芸社、二〇〇二年）の冒頭を紹介したい。

「受胎から始まって生後二年くらいまでのあいだのことは、一切本人の記憶に残らない。『記憶にない』ことなので、つい忘れられ、まるで無かったことのように無視されていることが多い。

しかし、この人生最初の二年ばかりの間は、人間の『こころの発達』のうち、人柄や心情の根幹部分が形作られ、その人の心の基本的ムードのようなものが形成される、とてつもなく大切な時期でもあり、その影響は、生きているかぎりずっと長く尾を引く。

このことは、学者も素人も皆、よく知らないのに、知らないことに気づいていない。その時期の重要性に比べれば、その後の、幼児期以降のシツケとか教育、指導、訓練などと呼ばれることは、ごく表層的な意義しかもたないと言っていいくらいのもの。

そして、もうひとつ。その時期の健全な発達を保証するためには、その間一貫して子どもの体ができるだけ親の体にぴったり『密着』していることが肝心。

そのことを伝えたくて、この本を書いた。」

田口恒夫先生は、一九二四年静岡県富士宮市生まれ。北海道帝国大学医学部入学、即休学。志願して第十五期海軍飛行専修予備学生、任官、海軍少尉、復員、復学、北海道大学医学部卒。東京大学医学部助手（整形外科）、肢体不自由児施設整肢療護園医員、国立聴力言語障害センター言語課長、お茶の水女子大学助教授、教授を経て同名誉教授。

一九八四年頃はＮＨＫの教育番組『ことばの治療室』の講師だった。

板画家・棟方志功氏と親しく、氏を「果てしなくおもしろい人」と評していたが、私にとっては先生がそれに当たる。

切れ味抜群の頭脳、世の中の事象の本質を見抜く透徹したまなざし、何でも作れる黄金の手の持ち主で、スキがなく飾りもなく、ユーモアだけいつもたっぷり。

私は三十年間、先生の追っかけをしたが、先生は三十年間、一貫して「母子密着育児」の重要性を説き続け、いささかもブレることはなかった。

「科学的な根拠は？　と言われると困るよ。漁師の天気予報のようなものだから。でも、当たっていると思うよ。まず間違いない。」

「田口理論」は、近年になって脳科学でも証明されている。

「生誕時から二歳ごろまでの脳は、『乳児脳』という独特な脳になっていて、その後、一年ほどの移行期があって『幼児脳』に移行します。二歳ごろまでの乳児脳の発達にとって最も重要なのは、母子密着型の育児です。」（澤口俊之『夢をかなえる脳』WAVE出版、二〇一一年）

私は子どもの頃、親につねられたり、竹の長いものさしでたたかれたり、雪の中に立たされたり、死んでしまえとののしられ続けたりと、ひどい目にあった割には、よく人から明るいと言われる。能天気で前向きで陽気だと自分でも思う。

その理由は、三十年も私を愛してくれた夫のおかげだと思いたいけれど、「田口理論」を適用するならば、私の記憶にない、二歳位までの赤ちゃん時代に両親からかわいがられたからだ、ということになる。

事実、妹が生まれるまで、三年と十ヵ月の間、両親は初めての子どもである私をたいへんかわいがってくれた。

妹と、三歳十ヵ月離れていたことが私の幸運だった。二歳でも十分なのだから、三歳十ヵ月もかわいがられたのなら、十二分だったことになる。

三歳十ヵ月から十四歳までおよそ十年続いた虐待より、それ以前の愛情の蓄えの影響力の方が大きかったのだろうか。

田口先生に、一度、何もかも打ち明けて、先生の判断を仰いでみたいと思ったが、両親の存命中は私の心の整理がつかず、話の糸口も見つからなかった。が、おそらくそういうことだと思う。

育児ほど報われる仕事はない。

放っておいても時間が子どもを育ててくれるから、おっぱいを飲ませてかわいがれば一丁あがり。その後は、その子の持ち味を生かせるよう、それとなく下支えをしていけば、やがておもしろい人間の出来上がり。

育児と経済は構造が異なり、お金は使えばなくなるが、愛情は与えてもなくならない。逆に、あとからあとから湧いてきて汲めども尽きない泉になる。

だれかのために汲み出したくなった時、それまでカラカラに干上がっていたはずの心の奥底から、清水が一筋、すーっと立ちのぼってくる。

これは涸れない泉。

だから、いったん汲み出し方を覚えれば、いくらでも汲み出せるし水量は豊かになるばかり。

虐待された人の救いは、自分の中の愛の泉。その愛が、夫と子どもと周囲の人と、そしてだれよりも自分自身を救うことになる。

さて、赤ちゃん時代のマリリン・モンローはどうだったのか。

マリリンは、生涯、精一杯、人を愛した。不安定この上ない育ち方をしたのに、決して人間嫌いにならなかった。

親を恨み、世を拗ねても不思議ではなかったのに、ちっとも、ねじくれなかった。むしろ、どうすれば素直な心を保てるか、その点に注意を払っていたような気がする。人が好きで、人に好かれる人間でなければ、セクシー女優にはなれまい。

アイダとアナ

生後七日目から七歳まで、マリリンは、アイダ・ボレンダーという女性に育てられた。
アルバートとアイダのボレンダー夫妻は、当時多くの家庭がそうしていたように、里子を預かって家計の足しにしていた。アルバートの本業は郵便配達夫で、マリリンを預かっていた七年間に、ふたりは合計すると十数人の里子の面倒をみている。

ボレンダー家は裕福ではなかったが貧しくもなく、家には来客用の応接間があり、里子のためにアップライトのピアノがあって、絵本やおもちゃも揃っていた。

夫妻は熱心なプロテスタントで、里子たちをひき連れて教会に通い、躾は厳しく、信仰第一の潔癖な生活を送った。そこがマリリンには合わなかったのだろう。息が詰まりそうで、暗くて悲しい子ども時代だったと回想し、アイダおばさんの悪口を言っている。

でも、実は、マリリンは、ものごころつくまでの二、三年、アイダおばさんにかわいがられたのではないか、と私は思っている。

何しろ、七年間も継続して育てられた里子はマリリンだけ。

十数人の里子が出たり入ったりしているなかで、彼女にだけ長居をさせ、しかも、生みの親のグラディスに対して、マリリンを正式に養子にしたい、と申し出たのである。

グラディスはその申し出を断った。

乳幼児期のマリリンは、アッシュ・ブロンドの巻き毛にブルー・グリーンの瞳、白い肌にバラ色の頬という愛らしさ。そういう、天使のような女の子を、生後七日目に抱き取ったなら、情が移らなかった訳がない。

大勢の里子でごたごたしていたのに、ボレンダー家ではある時期、犬まで飼った。それは、幼いマリリンのおねだりに、アイダが根負けしたからで、マリリンは犬の面倒をちゃんとみる、と約束させられた。

マリリンは動物が好きで、生涯を通じて何匹もの犬を飼ったが、ボレンダー家で飼った野良犬のティッピーが、最初の愛犬である。

約束通りによく面倒をみてかわいがったので、犬はマリリンになついてかけがえのない遊び相手になった。そして、マリリンが小学校に上がると学校までついてきて、授業が終わるまで何時間も、校門の所でおとなしく待っていた。

自分の情の濃さをなぜか恥じて、ことさら冷淡を装う、不思議な性格の人が時々いる。推測にすぎないが、アイダおばさんはそういうタイプだったのではなかろうか。生後七日目の女の赤ちゃんを、その手に抱いた瞬間に気に入って、だれも見ていない所でキスしたり撫でたりしてかわいがったのではなかろうか。

赤ちゃんも、彼女の腕の中でミルクを飲んでいるうちに、うっとりして、いつのまにか彼女をお母さんだと信じるようになる。

だが、その幸せな赤ちゃん時代が終わり、三歳くらいになって少しは分別がつくようになった時、他の子どもがアイダの胸に抱かれているのを目撃する。

お母さんだと思っていた人がお母さんではなかった、今度は別の子のお母さんになった、それから次々と新しい子のお母さんになっていく。それも、お金のために。衝撃は失望に変わり、反発へと変わる。

それでも、もし、二歳頃まではマリリンがアイダにくっついていられたのだとしたら。

私はそうだったと確信しているが、非常に重要で非常に幸運なことだったと思う。

それが、マリリン・モンローの、明るさと大きさを決定した。

もうひとり、忘れてはならないのが、イーディス・アナ・アッチンソン・ロウアー、通称、アナおばさん。

マリリンを一時期引き取ったグレース・マッキーの父親の姉がアナおばさんで、独身でふくよかで寛大な人だった。

マリリンは、生前最後の、ライフ誌によるロング・インタビューの中で、アナおばさんについて熱っぽく語っている。インタビューから一カ月もたたずに死んでしまったのだから、これは遺言と言えるだろう。

「そこで暮らしていたころのことを、けっして私は忘れないわ、だって彼女は私のアナ伯母さんになったのですもの。彼女の名前はミス・アナ・ロウアーといって、私の生涯で最も大きな影響を受けた人です。私がこんなに深く人を愛したのは彼女だけです。」

「彼女のことを私がそんなに愛した理由のひとつは、彼女の哲学、つまり人生に対する基本的な考え方のためでした。人生の中でいったい何が本当に重要なのかってことに対する彼女の理解。たとえば……（中略）彼女はこう言ったのです。

『他の子供たちがあなたのことや、あなたの着ている服や、あなたの住んでいる所をからかったからって、別に少しもかまわないのよ。どんなときでも忘れちゃいけないことはね、本当に大切なことは、あなたがどんな人間なのかということ。だから心配しないで、ただ正直に自分でありつづけさえすればいいの。大切なのはそのことだけ。』」

（グロリア・スタイネム『マリリン』道下匡子訳、草思社、一九八七年）

十二歳から十四歳にかけての多感な時期にアナおばさんの家でおだやかな生活を送ったことは、それまで不安定な暮らしを強いられてきた女の子をなぐさめ、内省的な性格へと導いていった。

アナおばさんは治療師の資格を持っていて、近隣の刑務所の受刑者に、聖書の読み聞かせをするボランティア活動もしていたそうだ。

そんなアナおばさんが、めぐりめぐって自分の家に迷い込んできた少女をかわいがらないはずがない。

そして、かわいがれば素直に喜ぶのがマリリンという人なのだから、おばさんはますますかわいがり、マリリンはどんどん素直になって、うちとけ合い、許し合い、頼り合って、そうなればおばさんはマリリンがかわいくてたまらず、マリリンはおばさんを好きで好きで仕方がない、というふうになる。

信頼関係とは、たいてい、こうした小さな愛の積み重ねであり、血のつながりなどは、さして重要ではない。

アナは、赤の他人の子どもの面倒をきめ細やかにみることができる人物だったのであり、マリリンもまた、他人の真心を、きちんと受けとめることのできる子どもだった。

というよりも、他人同士だったからこそ、お互いのあたたかさがお互いの心にしみ入っていったのだと思う。


人の情けがわからなければ、いかなる富に恵まれようと、この世は闇。

人の情けがわかるなら、生まれ育ちがどんなでも、決して不幸ではない。


「彼女は生まれつきの敗残者がいるということも信じませんでした。彼女は人間の精神は、それが成しとげたいと願うどんなことも成しとげることができると信じていたの。私は彼女を私の心の全部で愛したわ。」(グロリア・スタイネム『マリリン』道下

匡子訳　草思社　一九八七年）

二十九歳の頃愛用していた手帳には、走り書きで、「having a sense of myself」と書かれている。

自分自身でいること――。

これこそ、アナおばさんから、十二、三歳の頃聞かされた哲学ではなかったか。大切なことは、あなたがどんな人間なのかということ。ただ素直に自分であり続けること。

マリリンは、アナおばさんの言うことを、そっくりそのまま信じて、それからの人生を生きたのだ。

学びと献身

読書家の多くがごく自然に文章を書き始めるように、マリリンも手紙や詩や心に浮かんだ言葉を書き留めた。手近に置いてあったノートや便箋などの切れっ端に、その時々の思いや悲鳴を書きつけたメモが、最近になって見つかった。

マリリンが死去した時、遺品はリー・ストラスバーグの手に渡り、さらに二十年たってリーが世を去ると、今度は未亡人のアンナ・ストラスバーグが相続。アンナがマリリンの遺品を整理していた時に、初めて大量の、手書きの紙類を発見した訳だが、それが公開されたのは二〇一〇年だった。

「一九六一年十二月十九日
リー・ストラスバーグ様

ニューヨーク州ニューヨーク市二三
セントラルパーク・ウエスト一三五番地

親愛なるリー

これは重要な私信です。ゆっくり考える時間がおありになるときに、お読みくださるようお願いいたします。私の未来の計画に関することです。ですからすなわち、あなたの未来に関わることでもあります。私のアーティストとしてのこれからの発展は、私たちの共同作業を基盤にしているのですから。ここにあるすべては導入部です。最近起きた出来事、私のアイデア、ならびに提案のあらましを説明いたします。

ご存知のように、私はずっと、なんらかの精神的安定を見出そうとする苦しみの中にいて、さまざまな理由から、なかなか達成できずにいます。ただこの数か月間に、お気づきのように、かすかながらも前進しはじめた様子です。グリーンソン先生の治療が、ご存知のように、よかったり悪かったりするのは事実です。しかしながら、私は全体的には進歩を感じていて、これまでのような土砂崩れの状態ではなく、ついに、しっかり立つことのできる小さな地面を獲得できるのではないかという希望を見つけています。グリーンソン先生も、あなたも同じ意見です。私が建設的に、まともに生きていくためには、仕事をすることが必要だと。そして仕事とは、単に専門的な行ないではありません。学びと献身を意味しています。仕事だけが私にとって、信用するに足る希望です」（スタンリー・バックサル　ベルナール・コマーン編『マリリン・モンロー魂のかけら　残された自筆メモ・詩・手紙』井上篤夫訳　青幻社　二〇一二年）

マリリンは、マーロン・ブランドと一緒にプロダクションを設立する計画を立てていた。その相談役として、また制作する映画の監督として、リー・ストラスバーグを迎え入れるべく、説明と説得を試みている。

この格調高い美しい文章は、書き手の上等な知性と本物の自信をうかがわせる。

「これまでのような土砂崩れの状態ではなく、ついに、しっかり立つことができる小さな地面を獲得できるのではないかという希望を見つけています。」の原文は、

「I have hopes of finally establishing a piece of ground for myself to stand on, instead of the quicksand I have always been in.」(“Fragments Marilyn Monroe” Harper Colins Pablishers, 2010)

ついに——という言葉に、長年の苦労が集約されている。

だが、どれほどの苦労をしようとも、しっかり立つことのできる小さな地面を獲得できたのならば、苦労は報われたのではないだろうか。

そこに至るまではずっと、土砂崩れの状態だった——と自覚できる器の持ち主だっ

たから、今の自分の立ち位置を明確にし、これからの行く先を決めることができる。

「仕事とは、単に専門的な行ないではありません。学びと献身を意味します」の原文は、

「And work means not merely performing professionally, but to study and truly devote myself.」

私は、最後の「truly devote myself」という言葉に、マリリンの本質を見る。

本当に自分自身を捧げる——これは、女の本質でもある。

女は、何の見返りも期待せずに、男を愛し子どもたちを育ててきた。捧げるということは、つまり自分の時間も力も惜しみなく与えるということだから、それまでの自分をいったんは捨てることになる。

長い間かかって積み上げてきた大切な自分を捨てるなんて、とんでもない、と思うかもしれないが、相手の人柄を見込んで、とりあえず、とことん尽くしてみよう。相手が夫でも子どもでも、こちらが真心を込めて尽くせば、むこうの真心が目を醒ます。

真心対真心、という基本の構図が決まれば、余程のことがない限り、その構図は揺るがない。

むこうが幸せそうならば、こちらも幸せで、心の中に愛が満ちてくるのを感じる。

それまでの自分の殻を打ち破って、一回り大きくなった瞬間だ。

自分だけが大事だったちっぽけな自分より、二回りも三回りも大きくなって、その分、本当の自分、よりよい自分に近づいていく。

女はそんなふうにして成長するのではないだろうか。

女は、また、生む性であるが故に慎重でなければならないのに、守備の甘い女性には、新しいおもちゃをいじくり回そうとする男たちが群がり、そこに商売が発生する。
だが、本気で女を愛したことのある男なら、そんな浅ましい真似はしない。
また、本気で男を愛したことのある女なら、女にとっては、性こそ愛の賜物であることを知っている。

私は道徳を重んじる良い人間ですと澄まして、性をけがらわしいもののように扱う女もいるが、かわいい赤ちゃんがいれば抱っこしてみたくなるのと同じで、恋しい男ができれば触れてみたくなり、相手もそれを望んでいるとわかった日には、ふたりで幸福に包まれることになる。

性は人生の謎で、だれも大っぴらには口にしないが、だれもが興味津々で、他人がどうしているのかのぞきたがる。

しかし、のぞいても何にもならない。惚れあったふたりだけで入っていく、陶酔の王宮なのだから。

マリリンは、その王宮について知り抜いていて、愛があればだれでも入れるのよ、と教えてくれたのだと思う。

子どもができるくらいだから、性とは創作であり、豊かな創造力なくして豊かな性はない。

そして尊い。

尊いけれど、きわどい場所にある。

マリリンは、そのきわどい崖っぷちを、十一センチのハイヒールで駆け抜けて、シンボルとも女神とも呼ばれた。

料理とおもてなし

マリリンが料理好きであったことも、私は『マリリン・モンロー魂のかけら　残された自筆メモ・詩・手紙』ではじめて知った。

この本がアメリカで出版されたのが、二〇一〇年、翻訳が日本で出版されたのが、二〇一二年。

つまり、没後五十年もの間、日本のファンのほとんどが、マリリンはからきし料理ができない女だ、と思い込んでいたのである。

料理ができないどころか、生活破綻者のような言われようで、見た目はセクシーだが、頭はカラッポ、生活能力ゼロ、というのが定説だったと思う。

しかし、こと室内装飾に関しては、かなりの目利きであろうと私は睨んでいた。スナップ写真がそれを証明していたし、引っ越すたびにリフォームしていた。マリリン自ら、部屋の中の長さや高さを測り、サンプルやパターンを集めて比較し、配色を考え、家具と調度品を探しに出かけ、しかもそういった細かな作業を少しも面倒がらなかったそうだ。

それでも料理が好きとは知らなかった。

井上篤夫氏の訳注によれば、「当時のマリリンは料理の本を出そうと本気で思うほど料理に関心があった。」そうだ。

残念。

マリリンの料理本が出版されていたら、稀覯《きこう》本として珍重されたに違いない。

家庭的な面があったというよりも、本質的にアーティストだったというべきだろう。

そして、料理は、すぐれて創造的な仕事なのだから、マリリンが料理好きだったのは、当然といえば当然だった。

マリリンの料理のメモをみると、食材の種類だけでなく大きさや品質についてまで詳しく書いている。調理法や手順についても、独特の書き方で、たとえば、カップ二分の一、または、もう少し多く、とか、自分のカンを頼りにテキトーに判断しているところが彼女らしい。

さらに驚いたのはそのおもてなし。

何と、十二人の来客のために必要な仕度を全部、マリリンが自分で企画、検討している。

自宅で知人のバースデー・パーティを開くために、何を運び、何を買い、何を洗濯に出すのか、すべて書き出して考え抜いた。

「私の白いお皿――ウェストポートから全部

私の古い銀の燭台

私の絵二枚――オランダ人女性を描いた大きなものと酔っぱらった天使たち

薪《たきぎ》が必要――銀の器はどうする

買う——白いトイレシート
買う——トイレのバスケットか金のもの。ドアの裏のものも。タオルやビンなど。
買う——ベッドルームのランプ——シェイドも、カートを連れて行く
買う——足載せ台とコーヒーテーブル（M・モウリオンに聞く）、バーを買う、鏡を買う、L&テイラーズで
椅子を二脚買う——クラシック——ピアノの前に置くもの、予備のゲスト用にも真鍮の灰皿を買う、Mにひとつ、Lにひとつ、私にひとつ
シャンデリアを買う——広間にひとつ——ダイニングにひとつ——ガラスで銀色のものを二台持ち帰る
リネンのナプキンを十二枚買う——銀食器も十二人分
ヘレンの誕生日プレゼントを買う
シャンデリアの場所をカートにペンキを塗らせる、手すりが壊れているところもミ

ルトンとカートに、玄関ホールに絵を掛けてもらう――部屋のアレンジを手伝わせる
真鍮の燭台の足をカートに切ってもらう
コンフォーターをドライクリーニングする
洗ってもらう――トイレのカーペット
モウモリオンさんに電話
ゲスト用タオル
絵二枚
コーヒーテーブル」

長々と引用したのは、マリリンが、気配りの行き届いた、全体をよく見渡すことのできる女性だったと言いたいためだけではない。

これほどの準備ができたのは、女として成熟していたからである。

モンスター

マリリンが、記者会見などで当意即妙の受け答えをして、記者たちを喜ばせたことはよく知られている。

お茶目な人だったが、相手によっては辛辣《しんらつ》にもなった。

たとえば、『バス停留所』の次の出演作『王子と踊り子』の共演者は、英国の名優サー・ローレンス・オリビエだったが、マリリンは彼の初対面の印象を次のように述懐。

「オリビエは好意的にしてくれようとしていたけど、金持ちがスラムを見学するみたいな感じだったわ。」

サー・ローレンス・オリビエは、英国を代表するシェイクスピア役者であり、妻は『風と共に去りぬ』でスカーレット・オハラを演じた美女の中の美女、ヴィヴィアン・リー。

上から下を見て何が悪い、というところかもしれないけれど、マリリンがそこまで人を見る目を持ち合わせていようとは、思いも寄らなかっただろう。

マリリンの人物評は、いずれも的を射たものばかり。

そのマリリンが、自分自身について「怪物《モンスター》」という言葉で表現した独白がある。長いが、彼女を理解する上で外せないものなので引用してみたい。

「私は怪物《モンスター》になれるのよ。（彼女は真剣に答えた。それから自分をからかうように、顔をゆがめ、しかめっ面をして、怪物マリリンになってみせた。）人間って、時々、人から望まれる通りの人になろうと努めることがあるわね。友人が私に無邪気で内気であってほしいと思っていると、私は知らぬ間に彼らに対してそうなっているのよ。反対にもし彼らが私の中に怪物を見ていたら、たぶんもう話しかけてもこないわね。私はアーサーとの結婚でも、その通りのことが起こったんだと思います。結婚当初、彼は私を、ハリウッドの狼どもの中では美しくて無邪気な生き物だと思ってくれました。それで私もそういうふうになろうと努めたのね。私は人生と文学について、ほとんど彼の生徒になりました。演技についてリーの生徒であるのと同じです。けれども、怪物が姿を現した時には、アーサーは信じられませんでした。その時、彼は私に失望しちゃったんだわ。私としては、彼が私のすべてを知って愛してくれていると感じていたのです。私はただ甘いだけじゃあなかった。彼は怪物をも愛してくれるべきなんです。」（亀井俊介『アメリカで一番美しい人』岩波書店、二〇〇四年）

女性の多くは、自分の中にモンスターがいるなどとは言わない。聖女の仮面をかぶったままで、世間を渡り切るつもりでいる。

善人ぶってきれいごとばかり言っていると、出たとこ勝負の経験を積むことなく年をとってしまうから、自分の正体もつかめず、人間に対する理解も深まらない。

したがって、何かのきっかけで化けの皮がはがれると途端に見る影もなくなる。

どんな苦しみを舐めることになろうとも、自分の落とし前は自分でつけなければならなくて、そこをごまかすと、自分の抜け殻を見ることになる。

だからと言って、醜い面をさらけ出しても良い、ということにはならない。

マリリンはまだ若かったから知らなかったのね、男は女よりはるかに繊細な生き物だということを。本当は女の方が、男の人を守ってあげなければならないということを。

せっかく女と生まれたからには、喜びも悲しみも堪能し、濁った水も飲み込んで、それでも決して苦い顔を見せちゃ駄目。

どんなに甘やかしてくれる人にでも。

逆に甘やかしてくれる人こそ尊重し、夢を見させておいてあげなくちゃ。みっともない姿や口汚くののしる顔なんか、一度でも見せてしまったら、一巻の終わり。相手は一生忘れてくれない。百年の恋も一瞬で醒めてしまうのよ。

生粋の男にとって、生粋の女であり続けなくちゃ。それが女の意地なのよ。

だから、ひとりで耐え抜くために、悲しい時には服を買い、淋しい時こそハイヒールをはいて、歯をくいしばって、自分で自分の片をつけ、好きな人の前には、口紅を塗り直して登場するの。

それでもいよいよどうにもならないほどつらい時には、海がある。お酒も、映画も、音楽も。美しいものの中に涙を溶かして、時間が過ぎるのを待つしかない。

どんな人の中にも、モンスターは棲んでいる。モンスターがいる、と知ることは、ドス黒い部分を認めることであり、醜い感情を自覚することであって、だからこそ、悪役に共感できるのではなかろうか。

実生活で悪いことをする必要はない。悪事はもちろん、意地悪も感じの悪い態度もしない方がいい。ドロドロは心の底に沈めておいて、普段は涼しい顔をしていればいい。

俳優ならば、特別な場面を演じる時にそのドロドロをすくいとって、自由自在に操り、変幻自在の形にして、白日の下に晒してほしい。

マリリンには、ここぞという時に、とっておきの凄味を、ひきずり出してほしかった。

モンスターとは無意識の荒野。つまり、才能の素。

マリリンは、彼女のモンスターを、夫に見せるのではなく、世界中の観客に見せるべきだった。彼女のモンスターが巨大だとしたら、それは、素晴らしく豊かな才能を秘めていたことを意味する。

第五章　宿命

複雑な人生の処方箋

マリリンは、病弱ではないが、頑丈でもなかった。健康そのものといった感じの伸びやかな水着姿の印象が強いが、体には何か所も外科手術の跡があり、すぐ風邪をひいて熱を出し、副鼻腔炎になったり頭が痛くなったりするたちだった。

また、内科・消化器内科・産婦人科・整形外科の医師たちにしばしば治療してもらっていた上、それだけでは足りず、かかりつけの精神科医も数人いた。

さらに、それとは別に、親しい薬剤師たちが複数控えていて話をややこしくしていたのである。

まだ新進女優だった頃から、サンセット大通りの薬局の店主はマリリンの薬好きに気づいていて、マリリンと仲の良い記者に、よく電話をかけては相談していた。

「どうしたらいい、シドニー？　彼女は、他にも薬を飲んでいる。飲みすぎだよ。」

「わたしに何ができるというんだ？　きみが処方箋を書いてやらなきゃだめだ。きみが書かなきゃ、誰かほかのやつが書くぞ。」


当時は劇薬でも規制は緩く、欲しがればいくらでも手に入った。薬物依存症の怖さは、お酒や煙草やギャンブルなどとは違い、傍から見てもほとんどわからないところにある。それだけに、やめさせるのは難しい。

アクターズ・スタジオ出身の俳優兼演出家のディロス・スミス・ジュニアによれば、

「マリリンは睡眠薬をいっぺんに五錠も飲んだ。五錠も飲まないと効かなかったんだ。七錠で致死量に達するんだから、彼女は何年間も、あと二錠で死ぬという分量を飲み続けていたわけさ。」

「わたしは不眠症と闘いつづけてきたベテランなのよ。ありとあらゆる薬を飲んだわたしが試したことのない薬なんかないくらい。何か知りたいことがあったら何でもわたしに聞いて。モンロー主義みたいなもんよ、その点では。ドクター・モンローの独学よ。」（スーザン・ストラスバーグ『マリリン・モンローとともに』山田宏一訳、草思社、二〇一一年）

マリリンは得意気だった。実際に薬に関しては生き字引だったそうだ。

しかし、効き目を早めるために、カプセルに針で穴を開けているのを目撃した友人は、ぞっとした。そして、そんなことはやめてくれ、と懇願する。

平凡な人生にも波風が立ち、波乱があって、平穏無事なだけの一生などというものは無い。ましてや、映画スターともなれば、あっちこっちでもみくちゃにされ、常に緊張している。

心も体も、決して丈夫とは言えない人間がだれにも知られぬうちにコンディションを整えるためには、どうしても薬が必要だったのだろうか？

マリリンの薬の服用歴は、三十六年の人生の約半分。

つまり、十八から薬を飲み始め、売れっ子になった二十六から死ぬまでの十年は薬漬けで、特に最後の二、三年は、複数の医師たちの思惑が絡まり合ったまま連絡を取り合うこともなく、マリリンは夥しい量の薬の中で溺れかけていた。

ふたりのラルフ

五十年代、ハリウッドでは、フロイト派の精神分析療法が大流行で、映画関係者は一流の精神分析医にかかるのがステイタス・シンボルとされていた。

マリリンも、何人かの精神分析医を渡り歩き、最後に、ラルフ・グリーンソン博士に辿り着く。

ロサンゼルスでは大変評判のよい高名な博士で、およそ二年の間、マリリンは博士と、ほぼ毎日会っていた。

マリリンが死んだ時、彼は「奇妙な精神科医」とか「生前のマリリンに最後に会い、最初に遺体を発見した男」などと書きたてられ、長い間悩まされ続けて、死ぬまで彼女のことを忘れることができなかった。

そこには歪んだ愛情があったと思われる。

マリリンと博士のセラピーは、午前中一回、午後に一回、それを多い時には週五日も続けたというのだから、尋常ではない。

その上、彼女だけを特別扱いして、自宅に自由に出入りさせ、知人の老婦人を家政婦としてマリリンの家に送り込み、スパイ行為をさせ、その結果を逐一報告させていた。

また、マリリンがちゃんと働けるように監視しているという名目で、二十世紀フォックスから謝礼を受け取っていた。

さらに、腹心の部下として、内科医のハイマン・エンゲルバーグを差し向け、「若返り注射」「ビタミン注射」と称して、さかんに注射を打たせたりしている。エンゲルバーグ医師は、マリリンの行き先を執念深く探り当て、レストランで食事をしている彼女を人目につかない所に連れ出してまで、注射を打った。

エンゲルバーグは、友人たちに会うと、鍵束をジャラジャラ見せびらかして、こう言った。

「マリリン・モンローのアパートに自由に入れるし、自宅の鍵もあるんだぞ！」

マリリンは、こんな連中に命を預けていたのである。だが、もちろん、いつまでも言いなりになってはいなかった。

生涯を通じて、最も仲の良い友人のひとりだったラルフ・ロバーツは、マリリンの最後の夏について次のように語っている。

「あの夏は自分の人生を自分の手でつかんで、自信を持っていたよ。」

「彼女にはわかっていた。グリーンソンが彼女と親しい人たちを次々に遠ざけようとしていたことを。彼はまずぼくを、次にストラスバーグとジョーを彼女の人生から締め出そうとした――次にパット・ニューカムも締め出したほうがいいと彼が考えている、とマリリンは言った。七月の末に、マリリンはこのままじゃ友達がひとりもいなくなる、自分の人生もなくなると気づいて、グリーンソンとの関係を切らなくちゃと考えたんじゃないかな。」

「マリリンは彼が自分を利用しているのを見て、心底腹を立てていた。そして、とうとう何が根本的な真実かを悟ったんだ。つまり、ハリウッドは自分の人生でないこと、彼に依存することは自分の人生でないこと、をね。グリーンソンへの彼女の怒りは極限に達していた――これは誰の目にも明らかだった。彼はマリリンの生活からすべての他人を排除しようとしていた――そもそも彼女にはそれほど多くの友人はいなかったし。でも彼がジョーを排除しようとしたときに――彼女はすべてを考えなおしはじめたのだと思う。エンゲルバーグや、薬や、注射に関しては？　そう、明らかですよ。マリリンを思い通りにできないときは、いつも薬という手段があったんだから。」（ド

ナルド・スポト『マリリン・モンロー最後の真実　PART 1』小沢瑞穂・真崎義博共訳、光文社、一九九三年）

一九六二年の六月一日は、マリリンの三十六歳の誕生日。

ちょうど、ジョージ・キューカー監督の下で『女房は生きていた』を撮影していた時で、その日の予定が終了した夕方六時過ぎに、スタッフが用意したケーキやシャンペンで、内輪だけのささやかな誕生パーティが開かれる。

この映画は未完に終わった。

だが、この頃のマリリンの様子は、『マリリン・モンロー・ラスト・シーン』という後に作られたドキュメンタリー作品に収められ、それを見ると彼女が、いつになく、凛々しい女になっているのがわかる。

減量に成功して体重を七キロ落とし、それと一緒に余分な悩みも捨て去ったかのように表情もきりりと引き締まり、かつてのあぶなっかしいマリリンとは打ってかわって、すらりとした大人の女になっている。

それもそのはず、前月の五月から、重要で重大な出来事が続いて起きていた。

五月十九日は、ケネディ大統領の祝賀パーティに出席、マリリンその人こそ天才的な演出家であることを広く世界に知らしめた日。

その四日後の五月二十三日は、『女房は生きていた』の撮影が野外プールで行なわれ、スタッフ全員をうならせるようなハプニングが起きる。ハプニングというよりもマリリンの演出なのだが、彼女の資質をよく表わしているので、御紹介しよう。


その場面は、何年も前に死んだはずの女房が生きて戻り、深夜のプールで泳ぐというもの。マリリンはベージュの水着を着ていたが、背中の紐が見えてしまう、とカメラマンから指摘され、とっさにブラを外す。

ノーブラでの撮影は、あっという間に終了。

でも、マリリンはもっと楽しいアイディアを思いつく。

「素裸でプールから上がって、青いタオル地のローブだけを羽織るから、次のシーンに入れてみてはどうかしら？」

ただちに別のカメラマンがふたり呼ばれ、スチール用の写真撮影が行なわれることになった。深夜にもかかわらず、マリリンがヌードで泳いでいるという噂が広がり、プールのまわりには人だかりができ、関係者全員大喜び。

このシーンも、『マリリン・モンロー・ラスト・シーン』で見ることができるが、マリリンのヌードは美しい。

実際には、ビキニの下の方は身につけていたけれど、水に漬かっていたマリリンが、プールサイドまで泳いできたと思ったら、うれしそうに笑いながら手と顔と足先だけをプールの縁から出してローブをつかみ、水から上がって体をひねり、ところどころ隠しつつ袖を通し、ふかふかの青いタオルのローブにくるまっていとも幸せそうな表情を浮かべる。

青い水と青いローブ、水の冷たさとタオル地のあたたかさ、その対比の中で、あのマリリンが手と顔と足だけを観客に見せれば、だれもが当然、彼女のヌードを連想するに決まっている。本当にヌードだったかどうかが重要なのではない。連想して楽しむことが重要なのだ。

これは、男の目から見たエロティシズムの仕組み、つまり、あからさまに何でもかんでもさらけ出すより、想像力をかきたてる仕草の方がずっと楽しくて印象的であることを、マリリンがよく知っていた証拠。

それでも、いやらしくはなかったか、下品な感じがしなかったかどうか、マリリンはしきりに気にして、周囲の者に確かめている。

宣伝効果は抜群だった。

マリリンの青いローブ姿は、次号の「ライフ」など数誌の表紙を飾り、世界を駆け巡る。

考えてみれば、マリリンは、その道の第一人者だった。

最初は一九四九年のヌード・カレンダー・スキャンダル。無名だったマリリンが、お金に困り、知り合いのカメラマンのトム・ケリーに頼まれて、真紅の布の上でヌードでポーズをとったものがカレンダーになった。有名になってから身元が割れて大騒ぎになったが、本人があっさり認めて一件落着。

一九五四年には、『七年目の浮気』のスカートがめくれ上がるシーンで拍手喝采。つまり、あっけらかんと、のびのびと、かわいらしく、素直に、美しい体をみんなに見せてサービスするという路線を歩んできた。


ここにきて、ようやく、悪びれずに努力を重ねてきたことが実を結ぼうとしていた。欲望の器としての体から、表現する体へ、大きく変わろうとしていた。

混乱の時期を経て、マリリンにしかできないやり方で、正々堂々と、おとなの女の澄んだ色気を表現できる時が来たのである。

きっぷがいいから人の心にすんなり入り、全部は明かさないから、目も心も吸い寄せられる——マリリン独自の方法論が確立されつつあった。

だが、マリリンとラルフ・ロバーツが、兄と妹のように仲の良いのを、グリーンソンが黙って見ているはずはない。

「あなたはニューヨークへ戻るべきだってグリーンソン先生は考えているわ。彼は私の付き添いにほかの人を選んだんですって。私にラルフが二人いるのは多すぎるというの。私はあなたがラルフではなく、レイフなんだっていったの。何度も何度も言ったのに、彼はだめだって言うの。私にはほかの人が必要だって。」

再出発の準備はできていた

マリリン最後の二カ月は、ラストシーンとしては出来過ぎなほどドラマティックだった。

❖六月一日

三十六歳の誕生日。

❖六月五日

二十世紀フォックス社がマリリンを、契約不履行で訴える、と通告。病気や遅刻ばかりして撮影が進まず、たまに出て来たかと思えば薬のせいでフラフラで使い物にならない、との理由。

❖六月六日

二十世紀フォックス社、マリリンに対し五十万ドルの損害賠償を請求、正式解雇。

❖六月から七月にかけて

しかし、その一方で、マスコミは、大スターの転機と新生の匂いに敏感だった。「ヴォーグ」「コスモポリタン」「ライフ」など、アメリカの一流雑誌の取材の申し込みが相次ぎ、写真撮影やロング・インタビューが行なわれる。それは、マリリンを、一流の人物と認めた証だった。

それと平行して私生活も華やいでいく。

ジョー・ディマジオがマリリンをペイン・ホイットニー・クリニックから救い出してからというもの、彼は再びヒーローとなり、気心の知れた者同士、絆を確かめ合って、もう一度結婚してやり直そうと決意。結婚式の日取りは、八月八日と決定。

❖七月三十一日
ウェディング・ドレスを注文。
また、グリーンソン博士のセラピーを受けて帰宅。その後、花屋、ワインショップ、出張料理の専門店などに次々と電話をかけた。結婚式を自宅の庭で挙げる計画で、そのための準備を自分で手際よく進めていたのである。

❖八月一日
二十世紀フォックス社が一転して方針を変更、マリリンに謝罪。
同時に『女房は生きていた』の撮影再開を決定。当初の出演料の二・五倍に当たる、二十五万ドルの出演料を提示。監督も『百万長者と結婚する方法』のジーン・ネグレスコに交代することになり、マリリンは大喜び。
同日、グリーンソン博士から差し向けられていた家政婦、ユーニス・マレイにマリリンははっきりと解雇を言い渡す。

❖八月二日

午前中、グリーンソン博士の家でセラピー。

午後、今度はグリーンソン博士がマリリンの家を訪れてセラピー。

その内容は不明だが、ジョーとの結婚を前にして、新しい人生のために、家政婦同様精神分析医とも縁を切ろうとして、マリリンが何らかの意思表示をし、ふたりの間が緊張したことは確か。

❖八月三日

友人のノーマン・ロステンに電話。

結婚式の前に、家の中を数カ所修理するよう、業者に電話で依頼。

また、デザイナーにも電話して、ウェディング・ドレスの仮縫いに明日来てちょうだい、と頼んだ。が、明日が土曜日であることを思い出して、「お針子さんたちにも、週末の楽しい予定があるでしょうから、仮縫いは月曜日まで待つわ。月曜日に来てね。」と訂正した。

❖八月五日

日曜日。早朝、マリリンは死んで発見された。

楽しみにしていたウェディング・ドレスの仮縫いはできなかった。

それにしても、自分のウェディング・ドレスより、お針子さんたちの休日の楽しみの方を優先させるところがマリリンらしい。

本当に、やさしい人だったのだと思う。

主役の死により、『女房は生きていた』の制作は打ち切られたが、それ以外にも新しい映画の企画が、三本立ち上がっていた。

一本は、ジーン・ハーローの伝記映画。

マリリンの古い友人で雑誌記者のシドニー・スコルスキーとマリリンとの共同企画で、シドニーがプロデューサー、マリリンが主役。

プラチナ・ブロンドのジーン・ハーローは、三十二代大統領フランクリン・D・ルーズベルトの誕生祝の舞踏会に招かれたこともある大スターだったが、医師から鎮痛剤と睡眠薬ばかり投与され、一九三七年六月七日、撮影中の映画の完成を待たず、二十六の若さで、腎不全により死亡。

それから二十五年経って、マリリンがジーン・ハーローを演じれば、大ヒット間違いない。

ジーン・ハーローの母親が健在と聞いたシドニーとマリリンは、パーム・スプリングスに近いインディオという町まで、彼女を訪ねて行った。ママ・ジーンは、マリリンを一目見るなり、娘が蘇ったのかと思ったそうだ。

映画制作の話は、その場で快諾。三人は意気投合し、また会おうと約束。

それが七月十五日。

二本目は『アイ・ラブ・ルイザ』という作品で、J・リー・トンプソンを監督に起用することを決めたのはマリリン。七月三十日には、あの『ダイヤモンドは女の子の親友』を作曲した、ジュール・スタインが、この作品のために、マリリンにぴったりの新曲をプレゼントするというニュースが飛び込む。

三本目は、そのジュール・スタインが、素晴らしいアイディアがある、と興奮してマリリンに電話をかけて寄越したもので、一九五四年にフォックスが映画化した、ベティ・スミスの小説『ブルックリン横丁』を、今度はミュージカル仕立てにしよう、という提案。

相手役には、フランク・シナトラがぴったり、ということで、ジュールとマリリンの意見が一致。

きっと最高のミュージカルになるわ、とマリリンは大はしゃぎだった。——これが死ぬ前々日の八月三日のことだった。

死因

死ぬ前日の八月四日土曜日、マリリンに何が起きたのか、少し詳しく見てみよう。

午前中、家政婦のユーニス・マレイが最後の家事を片付けるためにやって来て、泊まり客がいたので食事の支度を始める。客はマリリンの友人で、広報担当のパトリシア・ニューカム、通称パット。

パットは昼食を済ませると、プールサイドで日光浴をしてから帰って行った。

午後一時過ぎ、グリーンソン博士が来て、途中で九十分休んだ以外、七時までマリリンとふたりきりのセラピー。

九十分の休憩時間にマリリンが浜辺へ散歩に行き、バレーボールに興じる人々を眺める姿が目撃されている。

午後七時までの間、何人もの友人や知人がマリリンに電話をかけて寄越したが、家政婦かグリーンソン博士のどちらかが電話に出て、マリリンに取りつがないまま切ってしまった。

だが、タイミング良く、マリリンが自分で取った電話が三本だけあった。

まず一本目は、午後五時頃、近所に住むピーター・ローフォードからで、いつものように土曜の夜のパーティを開くからおいでよ、とマリリンを誘う。

ピーター・ローフォードは、ケネディ大統領の祝賀パーティで司会を務め、マリリンのことを、ザ・レイト（遅れてきた）・マリリン・モンロー、と紹介した俳優。彼の妻パトリシアはケネディ大統領の実妹。大統領とマリリンの密会をお膳立てした男でもある。

マリリンは、この誘いを断った。ピーター・ローフォードはあきらめきれず、考え直してくれないか、またあとで電話するから、と言った。

二本目は七時過ぎ、ジョー・ディマジオ・ジュニアから近況報告の電話。マリリンはジョーの前妻の息子とも仲が良かったので、楽しそうに十分ほど話をしたそうだ。

三本目は、それから三十分後の七時四十分。ピーター・ローフォードがもう一度電話をかけてきたのだが、この時には、マリリンの状態は一変していた。

舌がもつれていて、何を言っているのか、まったく聞き取れないので、ピーター・ローフォードはぎょっとして、大声でマリリンの名を呼び、「どうしたんだ」と叫んだ。

マリリンは、かろうじてこう答えた。

「パットにさよならと伝えて。大統領にも、あなたにもよ。いい人だったから。」

そして、「いつか私にもわかるわ、きっと。」と言った。

パットとはピーター・ローフォードの妻を指していると思われる。

私たちも電話を切る直前に、その時話している相手のみならず、その人と一つ屋根の下に住んでいる家族や、その人につながる人たちにまで思いを馳せて、皆様によろしくね、と挨拶するではないか。

おそらく、マリリンも、そんなふうにピーター・ローフォードに挨拶したのではないだろうか。

しかし、この場合のマリリンの挨拶は、長話をした末のものではない。

何も言わない、何も言えない、何を言っているのかわからない相手に向かって、ピーター・ローフォードが必死で呼びかけて、ようやく引き出したもの。

マリリンは、この時、もうすでに死にかけていて、死にかけていることが自分でもわかっていたのではないだろうか。

だから今生の別れの挨拶をしたのだ。


たった三十分の間に何が起きたのか。

マリリンにもわからなかった。

ローフォードはあわてて弁護士に連絡する。

ロサンゼルス市警の電話が鳴ったのは、八月五日の早朝。

「マリリン・モンローが死にました。自殺です。」

と言ったのはグリーンソン博士。電話に出たジャック・クレモンズ巡査部長は、すぐ現場へ急行。

現場では、グリーンソン博士とエンゲルバーグ医師と家政婦のユーニス・マレイの三人が、雁首を揃えて待っていた。

マリリンは裸で、受話器を握りしめたまま、ベッドで冷たくなっていた。

家政婦が、午前零時にマリリンの死体を発見した、と言った。巡査部長が、なぜすぐに警察に連絡しなかったのかと聞くと、グリーンソン博士がすらすらとこう答えた。

「外部に知らせる前に、映画会社の広報部の許可を得なければならなかったのです。」

その時、別の部屋で洗濯機が回っていたそうだ。

マリリンの検死解剖を担当したのが、ロサンゼルス地区検視局で変死体の解剖を担当していた日本人、トーマス野口。彼は福岡出身の横須賀育ち、日本医科大学を卒業後、東大付属病院で研修医を務めてから渡米。ロサンゼルス地区検視局長、全米監察医協会会長などを歴任して、現在は世界医事法学会の会長だが、その彼の許には今でもマリリンの命日が近づくと、取材の依頼が舞い込むという。

当時の検死解剖後の死因究明の結果は、

「マリリン・モンローの死は、自らが服用した睡眠薬の多量摂取による自殺だと思われる、という結論に至った。」

二〇一三年に出版された『ハリウッド検視ファイル　トーマス野口の遺言』（新潮社）には、著者の山田敏弘がトーマス野口から直接聞いた言葉が紹介されている。

「心臓や肝臓といった内臓の様子は今もはっきりと覚えている。解剖した後、映画などで彼女の姿を見ても、解剖を思い出すなんてことはない。でもまあ、マリリン・モンローも映画で活躍していたあの頃はよかったな、と思うことはありますね。死因に関しては、薬のオーバードース（過剰摂取）で死んだことになっても、実際、自殺か他殺か、事故死かは検査だけではわかりません。ただ解剖データや心理解剖を駆使して調べた結果、自殺の線が非常に強い。彼女は亡くなった時、裸で、受話器を持っている状態で亡くなっていた。普通の自殺ではないというのは分かりますが、自殺は自殺です。」

マリリンは、親しい友人たち全員に、どうしても自殺したくなった時には、必ず電話をかけて知らせる、と約束していた。

だから本当に死んでしまった時、あれほど約束したのに、と皆くやしがり、後悔に苛まれ、嘆き悲しんだ。

八月六日の月曜日の朝、マリリンの遺体は引き取り手のないまま、ロサンゼルス・カウンティの死体公示所に横たわっていた。

ジョー・ディマジオがやって来て、マリリンの葬儀の段取りを決め、翌日になって、マリブに住んでいる、ホワイティことアラン・スナイダーに電話をかけ、マリリンに死化粧を施してやってほしいと頼んだ。

アランはすぐ駆けつける。

メイク・アップ・アーティストのアラン・スナイダーは、マリリンとは十五年来のつきあいだった。

リハーサルや本番前はもちろん、電話で話している最中も、ベッドの中で眠りこけている時も、彼女をマリリン・モンローに仕立てるべくその顔に入念にお化粧を施してきた。

マリリンはアランの技術とセンスと人柄に絶大な信頼を寄せていて、ある時、こんなことを言った。

「もし私に何かあっても――あなた以外の人に顔を触られたくないの。死んだ時にいちばんきれいに見えるように、あなたがメイク・アップをして。」

アランは、いいとも、と答えたそうだ。

「まだ温かいうちに死体を運んできたら、ぼくがやってやるさ！」

数週間後、彼は、ティファニーの青い箱を受け取る。包みを開くと出てきたのは金のマニー・クリップで、メッセージの文字が彫られていた。

「優しいホワイティへ
まだ私が温かいうちに　マリリン」

マリリンは口癖のように、短い人生だもの、と言っていたが、その短さは、七十年とか八十年ではなく、三十年とか、せいぜい四十年くらいを指していたような気がしてならない。

マリリンが死期を悟っていたとは思わないが、予期はしていただろう。

予期というより、死の予感の中で生きてきた。

少女時代に胸に巣食った自殺願望は、簡単には消えてなくならない。未来に夢をつなぐ一方で、一日も早く死にたいと願っていたに違いない。

マリリンが長年、ありとあらゆる薬を飲んでいたのは、いつ死んでもいい、と本気で思っていたからだ。辛いことがあるたびに、いっそ、とか、ひと思いに、などと考えるのが習い性になっていた。いつか目をつむって、えいっとばかりに深淵を飛び越えるだけ。準備はいつでもOK。

致死量ぎりぎりの睡眠薬を何年も飲み続けていたのは、明日の朝目が醒めなかったら、ラッキー！　ということ。

友人たちと交わしていた約束は要するに、

「あなたたちは、私の大好きな友だちで、同じ魂を持った仲間なのだから、死んでもびっくりしないでね。」

という意味であり、

「今まで仲良くしてくれてありがとう。」

という感謝の印であろう。

だから、その死は、自殺に向かう道半ばでの事故死。


マリリン・モンローの一生は、いわば、捨て身の冒険だった。

人力を振り絞ると言ったって限度がある。何十年も全力疾走を続けるなんて無理。人間はそういうふうにはできていない。

心の中にモンスターがいたから、外側が光り輝き、事あるごとに死に誘われてしまうから、その生き方には裏打ちがなされず、思い切りが良すぎたから、魅力はいつまでも鮮やかなまま。

人生は長さではない。濃さだと思う。それでも長さで測るのであれば、マリリンの三十六年は、三百六十年に匹敵する。

マリリン・モンローは愛に飢えた女、などと書かれることが多いが、彼女はいつだって与える側だったと私は思う。

私はアメリカに行ったことはなく、行きたいとも思わないが、もしアメリカに行ってハリウッドに立ち寄れば、今でもマリリンに会える気がする。

死んだ人は目には見えないが、やっぱりどこかにいると思う。

私は夫の愛を今も感じることができるし、私が死んでも、家族や、気持ちが通い合った人たちや、恋した男の心の中に、私は残るだろう。

マリリンは、一度だけ訪れた国のひとりの女を、こんなにも長い間、慰め支えることになるなんて、夢にも思わなかったでしょうね。

ありがとう、マリリン。

エピローグ

散文でこの世の謎を解く。
それが私の野心です。

人の心の機微と時の流れ、そのふたつを合わせて描くことができるのは、ある種の映画と散文だけだと思い、映画をたくさん見て、あとは長い間ひとりで文章を書いてきた。

はじめてマリリンについて書いたのは、二十年以上も前だった。友人に読んでもらったが、中途半端な長さだったので発表する場が見つからず、それでも自分では気に入って、折りに触れては書き直したり、書き足したりしていた。

絵を描くことや料理や水泳やダイビングが好きで、どれも大変面白いと思うけれど、文章を紡ぎ出す面白さは、また格別だと思っている。

いったんテーマを決めて書き始めると、頭の中で、より正確な言葉を求めて自動的に、絶えず編集作業が行なわれるらしく、犬と散歩している時やお風呂に浸かっている時などに、突然、コレダ、と思う言葉が浮かぶ。

その喜び。

そんなふうにして、勝手に温めてきた原稿を、昨年、冬花社に送ったら、本多順子氏が読んでくださった。

そして、出版するためには、なぜ、この私があのマリリン・モンローを書くのか、その辺りを明確にしないと、などなど、ご意見をいただき、もう一度書き直すことになった。

本当は、そこを書きたかった。

だから、書き始めるや没入して、一ヵ月半で、ほとんど出来上がった。

マリリンの九十歳の誕生日に間に合ってうれしい。

私ももうじき六十になり、リストカットに明け暮れた頃から数えれば、四十四、五年の歳月が過ぎてゆく。

親元を離れても、人の子の親になっても、死にたい気持ちは消えなかった。

しばしば、十六の頃と同じ衝動がこみ上げて、夫を亡くすと突っかい棒が外れたようになったが、今度は、子どもたちに対する愛情と責任感が私を支えた。

考えてみると、幼い頃から母親に、死んでしまえ死んでしまえと言われ続けていたのだから、死にたくなるのが当たり前である。

この春、次女が大学に合格した時は、昔自分が合格した時よりもうれしくて、ここまで生きてこられたありがたさに泣けた。

少しずつ、もつれた糸がほぐれてゆく。

もしかしたら、年をとるだけでも、謎は解けるのだろうか。

そう言えば、学生時代、六年間暮らした東京・巣鴨も不思議なところだった。有名なとげ抜き地蔵の近くの、四畳半一間の下宿で、お風呂はなく、トイレも共同、冷房はもちろん暖房もなく、アルバイトのかけもちで遊ぶ暇もなかったが、不満もなかった。

朝と昼は、近くのパン屋さんの店先に置かれているタダのパンの耳、歩いて大学に行けばお水もプールも図書館もタダ、夕方からはまた歩いて家庭教師先へ行き、二時間教えると夕食をふるまわれる。

一日が終わって、長い地蔵通りの商店街を歩いていると、よく顔見知りのおじさんたちに行き合って、会えばお酒に誘われた。

授業料を滞納するほど困っていたのに、今と同じでその頃から地蔵通りには何でも揃っていたので、一年中、旬のおいしい肴と上等の、つまり辛口の日本酒を味わっていたのである。

おじさんたちは皆優しくて、私が、帰る、と言えば、おやすみ、と答えて、また何日かたって出くわすと、またも御馳走してくれた。

ひとりだけ女性がいた。

沖縄の久米島の出身で、波平初さんという、目の醒めるような美人だった。琉球の王妃もかくや、とばかりの、原節子さんをエキゾチックにしたような美貌で、快活で、世話好きで、ものすごくお洒落で、働き者で、料理が上手だった。

春休みにウエイトレスとして働いたアルバイト先で知り合ったのだが、知り合ってすぐ私を妹分のように扱い、夕食を作ってくれた。

銀座の一流クラブのホステスだったという経歴の持ち主で、田舎娘の私を見ていられなかったのか、煙草の持ち方、ハイヒールの選び方、ハイヒールとストッキングの関係、脚を美しく見せるスカート丈の定め方から始まり、男の正体を見抜く方法まで、懇切丁寧に教えてくれた。

当時、彼女は三十歳くらいで未婚だったが、若い時に病気にかかり子宮を摘出してしまったので子どもを生むことはできない、とサラリと言い、それでも良い、と言ってくれる人を見つけて結婚して、養子をもらって育てたいの、と笑った。

これまで出会った女性で、養子を育てたい、と明言したのは、私の知る限り、彼女ただひとり。

頭脳明晰で、苦労の痕跡をひとつも留めなかった、誇り高き美女。

マリリン・モンローというアイコンがいる一方で、実生活では、波平さんのような女性から直かに女のたしなみを伝授された幸せ。

また、家庭教師としては二十人位の子どもの勉強をみたけれど、なかには、私を家族の一員のように大事にしてくれた家もあり、今でもおつきあいが続いている。

よくもあんなに長い間、あんなに多くの人から、平気でご馳走になったものだ、と、巣鴨を去ってずいぶんたってから、感心し、呆れ返り、それからようやく気がついた。幸運だった、で済ませてはいけないと。

あれほどの親切、あれほどの好意を、きちんと受けとめられないようでは、女がすたる。

虐待されたことなんか、補ってあまりあるほどの、赤の他人からの、胸いっぱいの愛。

これをだれかにお返ししなくちゃ、女がすたる。

人に御馳走する人間になりたい。

ひとりぼっちの女の子たちの力になりたい。


ところで、もしも、九十歳になったマリリン・モンローが回顧録を書いたら、その翻訳は私にお任せ下さい。

英語は今でも苦手だが、また一から勉強し、辞書と首っ引で、難しいところは片岡義男氏にお聞きして、マリリンにふさわしい訳文に仕上げてみせる。

どうしても本人に確かめたい点が出てきたらロスへ飛び、マリリンに直接会って、何週間かかけて、じっくりお話を伺うとしよう。

私の英語が下手でもマリリンは笑ったりしないし、「同じ名前ね」なんて言ってくれるかも。

私は、「一番愛した人はだれ?」なんて野暮な質問はしない。

生きていれば愛にめぐりあう、と教えてくれたのは、他ならぬマリリンだったから。ただし、つきあった男たちのリストは省略するよう説得しなければ。それはきっと長過ぎるし、大騒ぎになりますからね。

最後になりましたが、お世話になりました冬花社の本多順子氏、夫と家族と友人たち、特に、表紙の絵を描くよう励ましてくださったり、コンセプトを絞り込むということを教えてくださった松本寛さんに、心からの感謝を捧げます。

二〇一六年　晩春

引用・参考文献（順不同）

◉ドナルド・スポト『マリリン・モンロー最後の真実 PART 1・PART 2』小沢瑞穂・真崎義博共訳、光文社、一九九三年
◉スーザン・ストラスバーグ『マリリン・モンローとともに 姉妹として、ライバルとして、友人として』山田宏一訳、草思社、二〇一一年
◉グロリア・スタイネム『マリリン』ジョージ・バリス写真、道下匡子訳、草思社、一九八七年
◉亀井俊介『アメリカで一番美しい人 マリリン・モンローの文化史』岩波書店、二〇〇四年
◉山田敏弘『ハリウッド検視ファイル トーマス野口の遺言』新潮社、二〇一三年
◉スタンリー・バックサル、ベルナール・コマーン編『マリリン・モンロー魂のかけら 残された自筆メモ・詩・手紙』井上篤夫訳、青幻社、二〇一二年
◉Stanley Buchthal and Bernard Comment『Marilyn Monroe Fragments』Harper Collins Publishers, 2010
◉澤口俊之『夢をかなえる脳 何歳からでも始められる脳力向上トレーニング』WAVE出版、二〇一一年
◉田口恒夫『今、赤ちゃんが危ない―母子密着育児の崩壊―』近代文芸社、二〇〇二年
◉ロジェ・ヴァディム『我が妻バルドー、ドヌーヴ、J・フォンダ』吉田暁子訳、中央公論社、一九八七年
◉マーロン・ブランド、ロバート・リンゼイ『母が教えてくれた歌 マーロン・ブランド自伝』内藤誠・雨

海弘美共訳、角川書店、一九九五年

◉フランソワーズ・アルヌール、ジャン＝ルイ・マンガロン『フランソワーズ・アルヌール自伝　映画が神話だった時代』石木まゆみ訳、カタログハウス、二〇〇〇年

◉アンソニー・サマーズ『女神―マリリン・モンロー―〝永遠のスター〟の隠された私生活』中田耕治訳、サンケイ出版、一九八七年

◉フレッド・ローレンス・ガイルズ『マリリン・モンローの生涯』中田耕治訳、集英社、一九七四年

◉エドウィン・ホイト『マリリン　嘆きのヴィーナス』片岡義男訳、角川文庫、一九七四年

◉ウォード・カルフーン、ベンジャミン・デウォルト編『Marilyn Monroe A Photographic Celebration』長島良三訳、マガジンランド、二〇一二年

◉ミシェル・シュネデール『マリリン・モンローの最期を知る男』長島良三訳、河出書房新社、二〇〇八年

◉ヘルムート・カラゼグ『ビリー・ワイルダー　自作自伝』瀬上裕司訳、文藝春秋、一九九六年

桐ヶ谷まり（きりがや　まり）
一九五六年、山梨県生まれ。エッセイスト
お茶の水女子大学家政学部児童学科卒
同大学大学院家政学研究科児童学専攻修士課程修了
在学中、付属小学校の非常勤講師を一年間務める
一男二女を育てるかたわら、新聞、雑誌に書評やエッセイを寄稿
現在、逗子市在住。二〇一〇年より夫の跡を継いで不動産の経営・管理をしながら鴨三羽、犬一匹と暮らす
趣味は、園芸、油絵、ダイビング
著書に『きらめく子どもに育てる十年の魔法』二〇〇二年、リヨン社刊、共著『「セックスシンボル」から「女神」へ――マリリン・モンローの世界――』二〇一〇年、昭和堂

生粋

マリリン・モンロー、あるいは虐待された少女の夢

発行日　二〇一六年六月一日
訳者　桐ヶ谷まり
発行者　本多順子
発行所　株式会社 冬花社
〒二四八－〇〇一三　鎌倉市材木座四－五－六
電話：〇四六七－二三－九九七三
FAX：〇四六七－二三－九九七三
http://www.toukasha.com

印刷・製本　モリモト印刷

＊落丁本、乱丁本はお取り替えいたします。

ISBN978-4-908004-10-0